Claudia Behrens-Schneider (Hrsg.)
Heike Engler

# Perfektes Selbst- und Zeitmanagement für Sekretariat und Assistenz

## So haben Sie alles im Griff und gewinnen Zeit für wichtige Aufgaben

REDLINE WIRTSCHAFT
bei verlag moderne industrie

**Bibliografische Information Der Deutschen Bibliothek**
Die Deutsche Bibliothek verzeichnet diese Publikation in der Deutschen Nationalbibliografie; detaillierte bibliografische Daten sind im Internet über http://dnb.ddb.de abrufbar.



Umschlaggestaltung: Grafikhaus, München
Coverbild: Getty Images/Fisher-Thatcher
Satz: Fotosatz H. Buck, Kumhausen
Druck und Bindung: Himmer, Augsburg
Printed in Germany 37530/070301
ISBN 3-478-37530-4

# Inhalt

# Vorwort

Das Berufsbild der Sekretärin und Assistentin hat sich in den letzten Jahren stark gewandelt. Gefragt sind heute moderne Sekretärinnen und Assistentinnen, die ihren Chef aktiv entlasten und im Office „up to date" sind.
Mit diesem Buch möchten wir Ihnen helfen, Ihre Zeit „zeitbewusst" und „zeitorientiert" zu managen! Unser Ziel ist: „Nicht Ihre Zeit, sondern die Tätigkeiten, mit denen Sie Ihre Zeit täglich verbringen optimal zu managen." Setzen Sie sich realistische Ziele nur dann profitieren Sie am Ende selbst davon!
Nach der Lektüre schaffen Sie es sinn- und planvoll genutzte Zeit intensiver und bewusster zu erleben.
Das Berufsbild Sekretariat und Assistenz bedeutet: Powerjobs im Wandel. Durch das Wissen aus meiner langjährigen Tätigkeit als Sekretärin und heute als Trainerin und Beraterin will ich Sie dabei unterstützen, sich auf die neuen Herausforderungen systematisch vorzubereiten.
An dieser Stelle möchte ich mich bei der Autorin Heike Engler ganz herzlich für die sehr professionelle Zusammenarbeit bedanken!
Ich wünsche Ihnen viel Erfolg bei der Umsetzung!

Gauting im Juli 2003
Claudia Behrens-Schneider

> *Schreitet man voller Vertrauen in Richtung seiner Träume und strebt danach, das Leben zu leben, das man sich vorgestellt hat, so wird man viel Erfolg haben, wie man es eigentlich nicht für möglich gehalten hätte.*
>
> Thoreau

# 1 *Anfangen!*

## Einblick: Was ist Zeit- und Selbstmanagement?

Zeitmanagement ist nun schon seit einigen Jahren „modern“: Immer wieder wird dieses Wort benutzt und kaum jemand bleibt unbeteiligt, wenn Sie über Ihr „Zeitmanagement“ reden. Typische Aussagen dazu sind: „Ohne Zeitmanagement geht es heute nicht mehr.“ Oder: „Mein Zeitmanagement funktioniert gar nicht.“ Oder: „Da hab ich neulich wieder was drüber gelesen.“ ... Jedenfalls scheint jeder sofort zu wissen, was mit „Zeitmanagement“ gemeint ist. Selten werden Sie hören: Was verstehen Sie unter Zeitmanagement? Was stellen Sie sich darunter vor? Was soll das eigentlich heißen: „Zeit managen“?

Fragen Sie sich einmal selbst: Können Sie Ihre Zeit überhaupt „managen“? Können Sie sie führen? Ihre Zeit organisieren? Zeit steuern? Haben Sie schon versucht, Zeit schneller oder langsamer vergehen zu lassen? Ist es Ihnen gelungen, eine Stunde von heute nach morgen zu verschieben?

Wenn Sie einen Moment darüber nachdenken, was Sie mit Zeit machen können und was nicht, dann sehen Sie schnell, dass es so einfach nicht ist:

> Was auch immer Sie tun, Ihre Zeit bleibt gleich lang oder kurz.

Am Lauf der Zeit können Sie nichts ändern: Sie können Zeit weder verschenken noch sparen (wie Geld). Sie können Zeit weder verlieren noch gewinnen (wie einen Preis). Sie können Zeit weder steuern noch organisieren (wie eine Führungskraft ihre Mitarbeiter). In all diesen Punkten verhält sich Zeit ausgesprochen unkooperativ: Sie vergeht!

Zeitmanagement macht nur dann Sinn, wenn Sie es zum Beispiel übersetzen als „*zeitbewusst* managen“ oder „*zeitorientiert* managen“. Dabei managen Sie dann nicht Ihre Zeit, sondern die Tätigkeiten, mit denen Sie Ihre Zeit verbringen. Sie managen Ihren Umgang mit und Ihre Einstellung zur Zeit. Mit anderen Worten: *Sie managen sich selbst.*

> Selbstmanagement heißt, dass Sie sich und Ihre Umwelt selbst organisieren, dass Sie Ihre Aufgaben selbst planen und Ihr Verhalten selbst steuern.

Verstehen Sie Zeitmanagement von Anfang an als Selbstmanagement! Nur dann können Sie realistische Ziele setzen und am Ende profitieren. Sie werden keine Zeit „sparen“, aber mehr Zeit mit Aufgaben verbringen, die Ihnen wirklich wichtig sind. Ihre Zeit wird weder langsamer noch schneller vergehen, aber Sie werden sie besser nutzen. Der Tag wird nicht mehr Stunden bekommen, aber am Ende des Tages werden Sie auf mehr oder bessere Ergebnisse zurückblicken können.

Es geht nicht darum, Zeit zu sparen, sondern Kontrolle, Zufriedenheit, Qualität und Souveränität zu gewinnen. Es geht nicht darum, Zeit zu gewinnen, sondern sich Ungewissheit, Hektik, Fehler und Mühe zu sparen!

Ein schöner Nebeneffekt ist dabei, dass sinn- und planvoll genutzte Zeit intensiver und bewusster erlebt wird. Dadurch haben Sie bald das Gefühl, tatsächlich mehr Zeit zu haben.

## Im Blick: Wessen Zeit und Aufgaben managen Sie?

*Wer am falschen Faden arbeitet, zerstört das ganze Gewebe.*
Konfuzius, 551–478 v. Chr.

Als Sekretärin oder Assistentin sind Sie nicht nur für Ihre eigene Organisation verantwortlich, sondern Sie organisieren auch für andere.
Vorgesetzte, Kollegen und Kolleginnen, Kunden und Ansprechpartner – viele verlassen sich auf Sie, wenn es darum geht, Termine zu koordinieren, den Informationsfluss zu steuern oder auch dafür zu sorgen, dass rechtzeitig an eine Frist gedacht wird. Je nach Arbeitsbereich und Aufgaben wird das Termin- und Aufgabenmanagement manchmal mehr und manchmal weniger an die Sekretärin delegiert.

Für wen organisieren Sie? Wessen Zeit managen Sie? Für wen möchten Sie Lösungen und Vorschläge aus diesem Buch nutzen?

**ZEIT FÜR ANDERE MANAGEN**

Die Frage, für wen Sie organisieren, ist wichtig, da es nicht *das* Zeitmanagement gibt, sondern *viele verschiedene* Wege sich zu organisieren: Während zum Beispiel die eine einen aufgeräumten und beinahe leeren Schreibtisch braucht, um sich konzentrieren zu können, kann der andere nicht denken, bevor nicht alles um ihn herum ausgebreitet ist. Das heißt nicht, dass jemand, der einen vollen Schreibtisch braucht, zwangsläufig einen unorganisierten Schreibtisch haben muss!

Passen Sie die Organisation an die Person an (maßgeschneiderte Organisation), statt zu versuchen, die Person an die Organisation anzupassen!

In der Regel finden Sie in diesem Buch mehrere Alternativen, wie Sie etwas or-

ganisieren können: Das eine funktioniert für den einen, das andere funktioniert für den anderen.
Wessen Zeitmanagement möchten Sie verändern? Was hilft demjenigen, um sich besser zu organisieren? Auf welche Mittel können Sie zurückgreifen, um ihn zu unterstützen?

Füllen Sie die folgende Tabelle für alle Personen aus, deren Zeitmanagement Ihnen aktuell am Herzen liegt. (Vergessen Sie dabei sich selbst nicht!)
In der Spalte *Ziele* notieren Sie stichwortartig, was Sie durch die Veränderungen erreichen möchten. In der Spalte *Ressourcen* sammeln Sie, was bei dieser

**MEINE „KUNDEN" BEIM ZEITMANAGEMENT**

| Name | Ziele<br>Was möchte ich erreichen? | Ressourcen<br>Was ist hilfreich? |
|---|---|---|
| | | |
| | | |
| | | |
| | | |
| | | |
| | | |
| | | |
| | | |
| | | |
| | | |
| | | |
| | | |
| | | |
| | | |
| | | |
| | | |
| | | |
| | | |
| | | |
| | | |
| | | |

Person hilfreich sein könnte (zum Beispiel Farben, klare Regeln, Lob, Kontrolle, teures Design der Hilfsmittel, schneller Erfolg, Spaß, Software ...). Was hat bisher gut gewirkt?

Wenn Sie bei dieser Aufgabe festgestellt haben, dass Sie nicht genug über den anderen wissen: Fragen Sie nach! Zum Beispiel brauchen manche gar kein bestimmtes System, sondern vor allem immer wieder *Veränderungen* im System: Sonst wird ihnen buchstäblich „langweilig" und sie hören auf, die Hilfsmittel diszipliniert zu nutzen! Eine kleine Neuerung motiviert dann mehr als die Suche nach der perfekten Lösung.

Andere wiederum brauchen sehr lange, bis sie sich an Neues gewöhnen. Sie hängen an gewohnten Strukturen und Mitteln. Wenn sie sich allerdings erst darauf eingestellt haben, trennen sie sich nur ungern wieder von Neuem und nutzen es diszipliniert und konsequent. Hier hilft nur Geduld und Ausdauer, solange die Umstellung dauert!

So viele Gedanken Sie sich auch (eventuell sogar gemeinsam) machen: Am Ende hilft nur Ausprobieren! Wenn Sie dann feststellen, dass etwas nicht funktioniert: Probieren Sie etwas anderes. Wenn das auch nicht funktioniert: Ändern Sie es wieder. Das gilt sowohl für die Organisation der anderen als auch für Ihre eigene.

> *Gegen das Fehlschlagen eines Plans gibt es keinen besseren Trost, als auf der Stelle einen neuen zu machen.*
>
> Jean Paul, 1763–1825

Wenn Sie nach diesen Überlegungen schon die ersten Ideen haben, was Sie ändern beziehungsweise verbessern könnten: Tun Sie es! Wenn Ihnen noch Ideen fehlen oder Sie sich nicht sicher sind, dann lesen Sie einfach weiter ...

## Überblick: Wie managen Sie Zeit?

> *Ich kann nicht voraussehen, aber ich kann zu etwas den Grund legen. Denn Zukunft baut man.*
>
> Antoine de Saint-Exupéry, 1900–1944

Bevor Sie beginnen, irgendetwas zu verändern, sollten drei wichtige Fragen beantwortet sein:

- Was ist da?
- Was sollte bleiben?
- Was sollte sich ändern?

Wahrscheinlich sind Sie bereits in vielen Bereichen hervorragend organisiert. Das sollten Sie auf keinen Fall ändern! Einige Punkte sind Ihnen bestimmt wichtiger als andere, einige Bereiche können Sie vielleicht leichter beeinflussen als

andere. Um das zu beurteilen, brauchen Sie zunächst einen Überblick über Ihre jetzige Organisation.
Wenn Sie Ihre Selbst- und Arbeitsorganisation analysieren, empfiehlt es sich, bei den *Hilfsmitteln* anzufangen: Was (be)nutzen Sie, um sich zu organisieren? Die Antwort darauf ist leicht zu finden, wenn Sie sich an Ihren Schreibtisch setzen und sich einfach umsehen! Damit Sie anschließend mit dieser „Arbeitsplatzanalyse" weiterarbeiten können, sollten Sie sich die Ergebnisse auf jeden Fall notieren. Versuchen Sie es mal mit der Mindmap-Methode. Mindmapping (Geisteskarte anfertigen) ist eine Kreativitätstechnik und gleichzeitig eine Art, sich Notizen zu machen. Allerdings nicht in Form einer Liste, sondern einmal ganz anders.

### Mindmapping

Mindmapping hilft dabei, Gedanken und Ideen zu strukturieren, ohne durch allzu strenge Regeln eingeschränkt zu werden. Beispiele für Mindmaps finden Sie in diesem Buch am Anfang der Kapitel 2 bis 4. Dort ist jeweils der Inhalt des Kapitels in Form einer Mindmap zusammengefasst. Am besten lesen Sie diese Übersichten *von der Mitte nach außen*. Während Sie mit dem Buch arbeiten, fügen Sie vielleicht eigene Ideen oder zusätzliche Stichwörter hinzu. Sie können auch Kategorien mit einem Leuchtstift markieren oder mit Bleistift einkreisen. Sie können Symbole oder Rangzahlen für sich hinzufügen.
Am Ende könnte dann zum Beispiel die Mindmap von Kapitel 3 (Seite 80) bei Ihnen so aussehen:

## MIT DEN MINDMAPS ARBEITEN

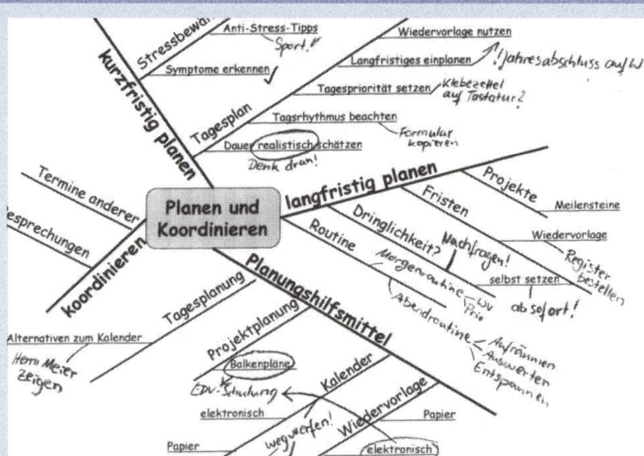

Wie Sie sehen, besteht die Grundidee des Mindmapping darin, dass von einem zentralen Thema (Stichwort in der Mitte) verschiedene Unterthemen – so genannte Hauptäste – nach außen abzweigen (Stichwörter um das Thema herum). Diese Hauptäste verzweigen sich wiederum in Unterkategorien oder -themen, in so genannte Nebenäste. Von diesen Nebenästen zweigen dann weitere Details ab. So wird ein komplexes Netz von Gedanken und Stichwörtern übersichtlich abgebildet, ohne dass Sie sie von Anfang an in der richtigen Ordnung und Reihenfolge notieren müssten. Nichts geht verloren oder wird aus dem Zusammenhang gerissen. Sie können jederzeit zu jedem Ast etwas notieren und dann wieder an einer anderen Stelle des Bildes weiterarbeiten.
Diese Technik eignet sich sehr gut für eine erste Arbeitsplatzanalyse. Eine Mindmap Ihrer Arbeitsorganisation könnte zum Beispiel so aussehen:

**BEISPIEL FÜR EINE ORGANISATIONS-MINDMAP**

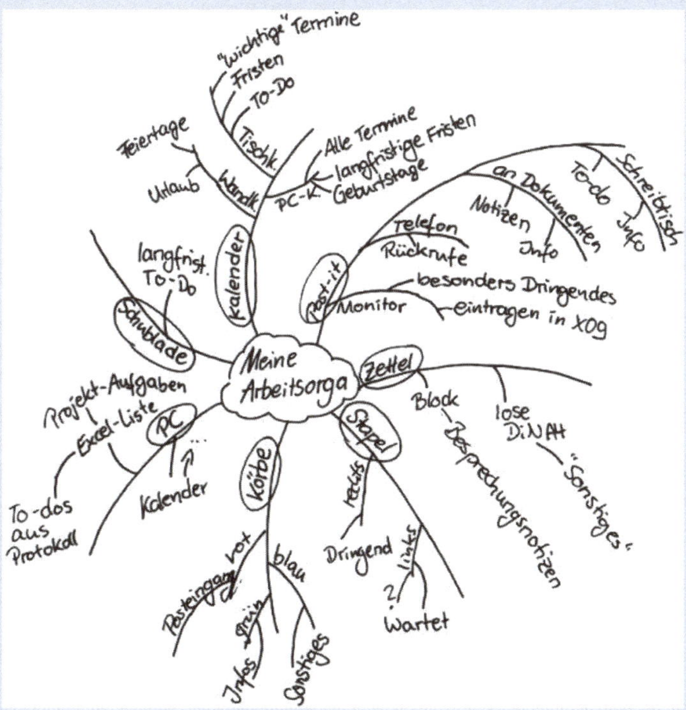

### ERSTELLEN SIE EINE MINDMAP IHRER AKTUELLEN ARBEITSORGANISATION!

Benutzen Sie dafür ein möglichst großes Blatt und am besten Bleistift und Radiergummi. Sehr gut eignet sich auch ein Whiteboard oder eine Tafel. Versuchen Sie nicht, einen Ast erst „zu Ende" zu bearbeiten, bevor Sie einen neuen Ast anfangen. Springen Sie ruhig hin und her. Radieren Sie, streichen Sie durch oder ziehen Sie Verbindungslinien. Das Ganze soll nicht möglichst schön, sondern möglichst vollständig werden!

1. Notieren Sie, welche Mittel Sie einsetzen, um sich zu organisieren. Auch Mittel wie „Kollegen" oder „Schreibtischoberfläche" sollten nicht fehlen!
2. Notieren Sie am Ende jedes „Mittel-Astes", was Sie damit organisieren.

Lassen Sie sich dabei von dem Beispiel anregen, aber vergessen Sie auch nicht die vielen Dinge, die bei Ihnen bestimmt anders sind!

**Erste Ziele**

Analysieren Sie Ihre Mindmap, indem Sie kritische und unkritische Punkte markieren:

Fügen Sie Ihrer Mindmap Symbole hinzu: Womit sind Sie zufrieden? Womit sind Sie unzufrieden?

Kreisen Sie wichtige Stellen ein, ergänzen Sie Smileys, Ausrufe- oder Fragezeichen …

In der Beispielabbildung auf Seite 15 stecken zahlreiche „gefährliche" Organisationsmethoden: unübersichtliche Stapel, eine Flut von Zetteln, Termine in drei verschiedenen Kalendern, Aufgaben, die in der Schublade verschwinden … Wo ist Ihre Organisation unübersichtlich oder zu aufwändig? Worüber ärgern Sie sich? Was funktioniert nicht (so) gut?

Vielleicht fällt Ihnen bereits das ein oder andere auf, für das Sie die Lösung schon kennen? Etwas, das Sie eigentlich „nur" noch tun müssten? (Zum Beispiel einen Ihrer Kalender endgültig abschaffen, bestimmte Zettel nicht mehr benutzen, einen zusätzlichen Korb anschaffen oder einen überflüssigen entfernen …)

Notieren Sie diese Ideen in Ihrer Mindmap. Vielleicht sollten Sie erst einmal diese Ideen umsetzen, bevor Sie im Laufe dieses Buches noch weitere Lösungen finden? Oft sind die eigenen Ideen die besten! Falls Sie also bereits die ersten Maßnahmen vor sich liegen haben und im Moment eher Ideen zur Selbstmotivation als Regeln für das Selbstmanagement brauchen, lesen Sie weiter im Kapitel 5.

## Durchblick: Wo steckt Ihre Zeit?

Es gibt zahlreiche Möglichkeiten, wo Ihre Zeit „stecken" könnte. Die wichtigsten spiegeln sich in den Kapiteln dieses Buches wider: Sie können Ihre *Aufgaben* noch effektiver und effizienter organisieren (Kapitel 2); Sie haben noch ungenutzte Möglichkeiten beim Umgang mit *Zeit* und Terminen (Kapitel 3); einzelne *Tätigkeiten* können noch effizienter erledigt werden (Kapitel 4). Bei jedem Thema sollten Sie immer drei Aspekte berücksichtigen:

- Gibt es Hilfsmittel oder Werkzeuge, die Ihnen helfen könnten? Das heißt, Sie arbeiten an Ihrer „Hardware".
- Gibt es bessere Methoden oder Strategien? Das heißt, Sie arbeiten an Ihrer „Software".
- Haben Sie bereits die richtigen Hilfsmittel und Methoden, aber setzen Sie sie noch nicht optimal ein? Das heißt, Sie arbeiten an Ihrer „Performance".

Dieser Vergleich passt sehr gut, weil – genau wie bei Ihrem Computer – auch bei Ihrer Organisation Hard- und Software „kompatibel" sein müssen: Nicht jedes Werkzeug passt zu jeder Arbeitsweise, nicht jede Strategie benötigt das gleiche Hilfsmittel. Und beides passt nicht zu jedem Menschen und in jeder Situation.

Wenn Sie herausfinden möchten, wo Ihre Zeit „bleibt", empfiehlt sich ein Tätigkeitsprotokoll: Notieren Sie über einen längeren Zeitraum, wie lange Sie woran arbeiten.
Das können Sie mithilfe einer ausführlichen Liste tun (zum Beispiel in Excel oder auch auf Papier) oder einfach, indem Sie Strichlisten führen – zum Beispiel darüber, wie viele kurze Anrufe Sie zwischendurch beantworten. Auf jeden Fall sind die Erkenntnisse aus einer solchen Analyse oft überraschend. Im Rückblick schätzen Sie Ihre Zeiteinteilung vielleicht ganz anders ein, als sie tatsächlich war: Da hilft nur ein zeitnahes Protokoll. Der Erfahrung nach helfen diese Analysen auch, wenn es darum geht, andere zu überzeugen – sei es den Vorgesetzten oder die Kollegen.
Eine Statistik über die Zeit, die Sie für einzelne Aufgaben brauchen, ist immer ein schlagkräftiges Argument!
Nach einer solchen Analyse können Sie genauer (und auch nachvollziehbarer) definieren, was Sie generell zu viel Zeit kostet und wo Sie zu wenig Zeit investieren. Das erleichtert die Auswahl neuer Techniken, die Anschaffung neuer Hilfsmittel und die Suche nach neuen Wegen, mit beiden umzugehen. Mithilfe einer Tätigkeitsanalyse werden Sie die richtige „Soft-" und „Hardware" schneller finden und Ihre „Performance" gezielter verbessern.

**TÄTIGKEITSANALYSE**

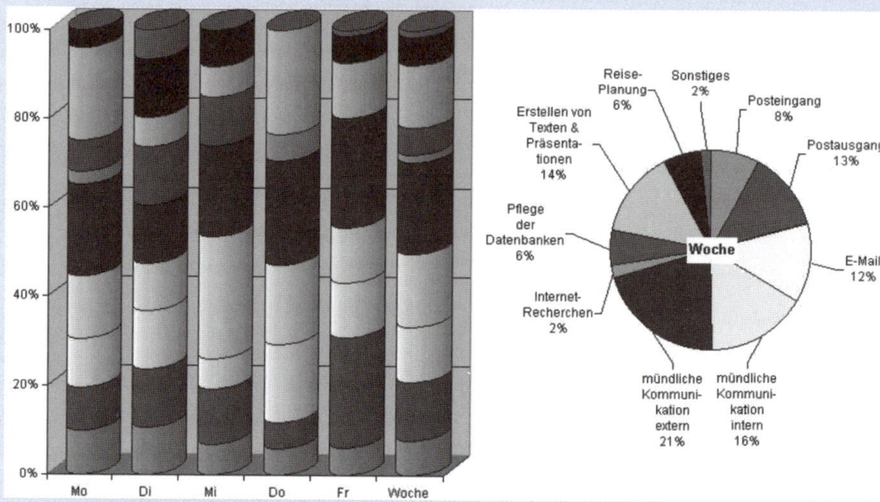


## Ausblick: Wie optimieren Sie Ihre Organisation?

*Mache dir selbst zuerst klar, was du sein möchtest; und dann tue, was du zu tun hast.*

Epiktet, 50–138 n. Chr.

Wenn Sie bis hierher nicht nur gelesen, sondern auch aktiv mitgearbeitet und mitgedacht haben, dann haben Sie bereits

- eine Liste der Personen, deren Organisation Sie optimieren möchten (inklusive Ziele für jeden und Ressourcen von jedem),
- eine Mindmap Ihrer Organisationsmittel inklusive der Aufgaben, die Sie damit managen, und
- erste Ideen, was Sie verändern könnten beziehungsweise sollten.

Zur Definition konkreter Arbeitsziele und zur Aufstellung Ihres persönlichen Maßnahmenplans gehört nun noch eine gründliche Recherche über die Möglichkeiten und Alternativen: Welche Wege gibt es? Welche Hilfsmittel bieten sich an? Worauf sollten Sie achten? Was hat sich bewährt?
Das alles finden Sie in den Kapiteln 2 bis 4. Dabei gibt es bestimmt Themen, die Ihnen besonders wichtig sind, und Bereiche, die Sie weniger interessieren.

Einen Anhaltspunkt geben Ihnen die Checklisten am Anfang jedes Kapitels: „Haben Sie … im Griff?“
Innerhalb der Kapitel können Sie je nach Interesse Seiten oder ganze Unterkapitel überspringen oder auch in einer anderen Reihenfolge lesen: Verweise innerhalb der Kapitel sollen Ihnen dabei die „Navigation“ erleichtern. Falls Sie alles lieber „der Reihe nach“ durcharbeiten, ignorieren Sie diese Querverweise am besten.
Sollten Sie trotzdem einmal den Überblick verlieren: Sehen Sie sich die Mindmap am Beginn des Kapitels an. Dort erkennen Sie schnell wieder, was Sie bereits gelesen haben, und können entscheiden, was Sie als Nächstes interessiert. Die Stichworte aus der Mindmap finden Sie im Stichwort- und im Inhaltsverzeichnis wieder, sodass Sie die entsprechenden Seiten schnell nachschlagen können.
Zwischendurch können und sollten Sie jederzeit zu Kapitel 5 wechseln: Dort geht es zu guter Letzt (oder vielmehr „zum guten Beginn“ der Umsetzung) um die zielorientierte Einführung Ihrer Änderungen, um Ihren Maßnahmenplan, um Erziehung und um Motivation. Lesen Sie dort weiter, sobald Sie genug Ideen zusammengetragen haben.
Eine Möglichkeit, Ihre Ideen und Erfolge zwischendurch zu protokollieren, finden Sie jeweils am Ende von Kapitel 2, 3 und 4: „Ihr Erfolgstagebuch zum …“. Vielleicht markieren Sie sich diese Seiten mit einem Lesezeichen, damit Sie sie immer schnell finden. Machen Sie sich auf jeden Fall Notizen! Warum? Dazu mehr in Kapitel 2, wo es unter anderem um das Aufschreiben gehen wird …

# 2 *Tun und lassen: Die Aufgaben im Griff*

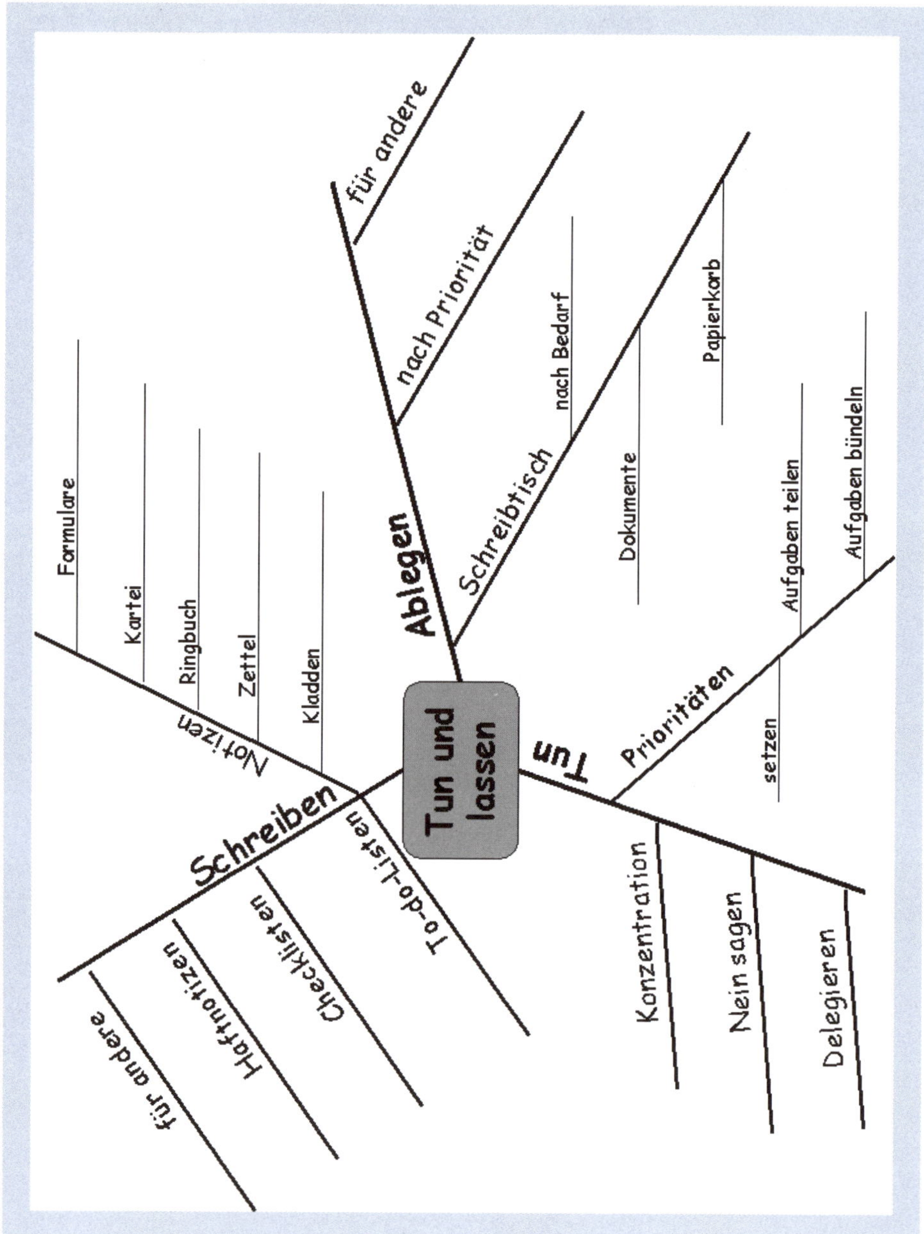
Tun und lassen
Ablegen
für andere
nach Priorität
Schreibtisch
nach Bedarf
Dokumente
Papierkorb
Tun
Prioritäten
setzen
Aufgaben teilen
Aufgaben bündeln
Konzentration
Nein sagen
Delegieren
Schreiben
Notizen
Formulare
Kartei
Ringbuch
Zettel
Kladden
To-do-Listen
Checklisten
Haftnotizen
für andere

## Ein paar Gedanken zum Tun und Lassen

Wissen Sie immer, was noch zu tun ist und was Sie bereits erledigt haben? Oder vergessen Sie manchmal das ein oder andere (vorher oder im Nachhinein)? Wie viel erfahren Sie überhaupt im Voraus? Wie viel ergibt sich erst im Laufe des Tages? Wie viel müssen Sie nach Erledigung noch davon wissen?

Zeit zu managen heißt, Aufgaben und Leistungen zu überblicken!

Entscheiden Sie immer bewusst, ob oder wann Sie etwas tun oder nicht tun sollten? Oder lassen Sie sich treiben, arbeiten Sie nach Anweisung, lassen Sie die Dinge auf sich zukommen?

**BEWUSST ENTSCHEIDEN**

Wie viel können Sie überhaupt selbst entscheiden? Wie viel wird Ihnen vorgegeben?

Zeit zu managen heißt, verantwortungsbewusst zu entscheiden!

Handeln Sie gezielt und geplant, steuern Sie Ihre Arbeit und Ihre Aufgaben selbst? Oder reagieren Sie nur auf Umstände und Anforderungen, erfüllen Sie Vorschriften oder folgen Sie definierten Prozessen?
Wie viel Handlungsspielraum haben Sie überhaupt? Wie viel ist eingeschränkt oder definiert?

Zeit zu managen heißt, so viel wie möglich zu agieren!

Die Aufgaben im Griff zu haben, zu wissen, was zu tun ist, den Überblick zu behalten, verantwortungsbewusst und aktiv zu handeln – all das sind realistische Ziele im Sekretariat!
Mit dem folgenden Fragebogen bekommen Sie einen Überblick über die Themen dieses Kapitels, erfassen den aktuellen Stand Ihres Aufgabenmanagements und können daraus Ihre Ziele zum Thema Aufgabenmanagement entwickeln:

| *Haben Sie Ihre Aufgaben im Griff?* | *ja* | *eher ja* | *eher nein* | *nein* | *Mehr ab Seite* |
|---|---|---|---|---|---|
| Ich „verzettele" mich nie, sondern behalte immer die Übersicht über meine Notizen. | | | | | 25 |
| Ich weiß immer „auf einen Blick", was ich noch erledigen muss und was ich schon erledigt habe. | | | | | 34 |
| Ich finde immer „mit einem Griff" und ohne zu suchen, was ich gerade brauche. | | | | | 43 |
| Ich setze bewusst Prioritäten und weiß immer, was als Nächstes an der Reihe ist. | | | | | 53 |
| Ich kann mich gut konzentrieren und lasse mich nicht ablenken oder stören. | | | | | 63 |
| Ich weiß immer, welche Aufgaben ich nicht annehmen sollte, und kann auch Nein sagen. | | | | | 66 |
| Meine Notizen für andere sind übersichtlich und strukturiert. | | | | | 70 |
| Ich unterstütze andere bei ihrer Büro-Organisation, sofern sie Hilfe brauchen. | | | | | 71 |
| Ich bin mit der Art, wie Aufgaben an mich delegiert werden, zufrieden. | | | | | 74 |

Welches sind Ihre Stärken und Schwächen, wenn es darum geht, Aufgaben zu managen?

Machen Sie den Ressourcencheck:

**RESSOURCENCHECK AUFGABENMANAGEMENT**

| *Meine größten Stärken* | *Meine größten Schwächen* |
|---|---|
| | |
| | |
| | |

## Managen Sie Ihre Aufgaben

### Strukturierte Notizen: Wo stand das doch gleich?

Notizen – richtig eingesetzt – sind ein Schlüssel für mehr Übersicht und eine bessere Organisation. Sofern Sie keine Gedächtniskünstlerin sind, müssen Sie sich im Laufe des Tages immer wieder etwas aufschreiben: Was ist noch zu tun? Was soll ich Herrn Meier ausrichten? Wann wollte ich Frau Müller zurückrufen? Wie viele Kugelschreiber bestellt das Team? Was war das Ergebnis des Meetings heute Morgen?

Belasten Sie Ihr Gedächtnis nicht mit Dingen, die Sie aufschreiben können!

Schriftlichkeit ist eine der wichtigsten Grundlagen für effektive Organisation. Dabei gibt es unendlich viele Wege, sich etwas zu notieren. Welcher ist der Richtige? Sammeln Sie Ihre Notizarten. Wo schreiben Sie was auf?
Es gibt wirklich sehr viele Möglichkeiten, sich etwas zu notieren! Aber: Ist es wirklich sinnvoll, all diese Möglichkeiten zu nutzen? Sehen Sie sich Ihre Notizen genau an: Sind sie strukturiert, übersichtlich, durchdacht?
Zeit sparender Umgang mit Notizen heißt, Sie haben so wenig wie möglich:

- verschiedene Orte für Notizen
- verschiedene Hilfsmittel
- Änderungen Ihres Systems

Ständige Änderungen Ihres Systems sind ebenso ungünstig wie eine unübersehbare Vielfalt – das heißt eigentlich gar kein System. Dadurch verwirren Sie nicht nur andere, sondern verschwenden auch Ihre eigene Zeit. Wenn Sie Ihr System ändern, dann denken Sie immer daran, dass jede Veränderung Zeit benötigt, bis es sich lohnt und der Ab-

## CHECK: NOTIZARTEN

| | ✔ | *Wo legen Sie die Notiz ab?* | *Was notieren Sie darauf?* | *Mehr auf Seite* |
|---|---|---|---|---|
| Haftnotizen (Post-its) | | | | 38 |
| lose Zettel | | | | 27 |
| Karteikarten | | | | 31 |
| bedruckte Notizzettel, Formulare, Vordrucke | | | | 31 |
| Schreibtischunterlage | | | | 44 |
| Zettel in Blöcken, Heften, Kladden | | | | 27 |
| Notizzettel in Ringbüchern | | | | 30 |
| im Computer | | | | 38 |
| auf Wandtafeln oder Pinnwänden | | | | 29 |
| im Kalender | | | | 96 |
| Checklisten | | | | 40 |

lauf zur Routine geworden ist. Trotzdem sollten Sie natürlich etwas ändern, wenn Ihre „Zettelwirtschaft" unübersichtlich ist, oder auch dann, wenn Sie einfach einmal etwas Neues brauchen, damit das Organisieren wieder mehr Spaß macht!

Wo suchen Sie nach Ihren Notizen? Wenn Sie viele unterschiedliche Hilfsmittel (Medien) benutzen, ist die Antwort auf diese Frage meist ein klares „Kommt drauf an!".

Beschränken Sie sich auf wenige verschiedene Mittel, Orte und Formate!

Sobald Sie etwas Neues einführen, sollten Sie das Alte sofort „aus dem Weg räumen". Wenn Sie sich noch nicht sicher sind, ob das Neue auch funktioniert: Räumen Sie es statt in den Papierkorb einfach nur in einen möglichst weit entfernten Schrank.
Optimal ist *ein* Block, *eine* Kladde oder *eine* Datei im Computer. Dann wissen Sie nicht nur immer, wo Sie suchen müssen, sondern sparen auch viel Zeit!

## KLADDEN: FÜHREN SIE BUCH!

Mithilfe einer Kladde (ein gebundenes Buch aus leeren Seiten) können Sie viele Nachteile von Zetteln vermeiden und trotzdem Papier benutzen: *Alle* Notizen werden an *einem* Ort zusammengefasst, gehen nicht verloren (sofern Sie keine Blätter aus der Kladde herausreißen!) und nehmen nur wenig Platz ein. Sie können Ihre Kladde überall mit hinnehmen, Platz sparend archivieren, durch wichtige Checklisten oder andere Informationen ergänzen.
Falls Sie eine Kladde für Ihre Notizen verwenden, sollten Sie sich Gedanken darüber machen, wie Sie die Seiten aufteilen (siehe Abbildung rechts oben). Vielleicht nutzen Sie die Kladde ausschließlich als Gesprächsnotizbuch oder ausschließlich für Ihre Aufgaben? Vielleicht fangen Sie jeden Tag eine neue Seite an oder Sie schreiben fortlaufend?

## BEISPIEL FÜR DIE AUFTEILUNG EINER KLADDE

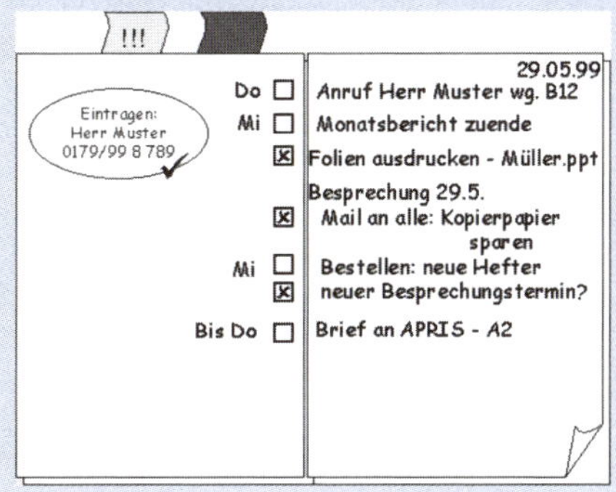


... Kladden eignen sich auch sehr gut als Informationsträger, wenn Sie Ihre Vorgesetzten oder Kollegen nicht persönlich sehen, weil Sie zum Beispiel nur halbtags arbeiten.
Manche Sekretärinnen arbeiten auch mit zwei Kladden: eine für Aufgaben und eine für Gesprächsnotizen. Besonders beliebt ist eine Telefonkladde, wo alle Anrufe (mit Zeit und Ergebnis) protokolliert werden. Die Trennung in verschiedene Medien oder Orte macht aber nur dann Sinn, wenn die Notizen wirklich sehr unterschiedlich verwendet werden – dann sind manchmal sogar lose Zettel geeignet:

## ZETTELWIRTSCHAFT MIT SYSTEM

Verwenden Sie lose Zettel nur (!) für:

- Notizen, die Sie weitergeben möchten

## KLADDEN NUTZEN

| ✔ | *Tipp* | *Vorteil* |
|---|---|---|
| | Vergessen Sie nicht – am besten immer morgens –, das *Datum* festzuhalten! | Dann können Sie sich beim Nachschlagen besser orientieren. |
| | Kennzeichnen Sie Erledigtes durch *Abhaken* statt Durchstreichen! | Dann bleiben die Informationen besser lesbar. |
| | Lassen Sie die Kladde in der Regel *aufgeschlagen*, in *Griffweite* und an einem gut *sichtbaren* Ort auf Ihrem Schreibtisch liegen! | Dann geraten Sie nicht so schnell in Gefahr, Ihre Kladde zu vergessen oder zu vernachlässigen. |
| | Benutzen Sie *Lesezeichen*, um die letzte beschriebene Seite zu kennzeichnen! | Dann können Sie schneller eine neue Notiz erfassen. |
| | Schneiden Sie die Ecken ab, wenn eine Seite vollständig erledigt beziehungsweise bearbeitet ist! | Dann können Sie mit einem Griff die erste Seite mit neuen Informationen aufschlagen. |
| | Schreiben Sie grundsätzliche Informationen, die Sie immer wieder brauchen (wie Checklisten oder wichtige Telefonnummern), *hinten* in Ihre Kladde! | Dort geraten Sie nicht mit den aktuellen Notizen durcheinander. |
| | Legen Sie grundsätzlich *keine Zettel* in Ihre Kladde! | Dann stören sie nicht beim Blättern und gehen nicht verloren. |
| | Kleben Sie Haftnotizen auf die aktuelle Seite! | Dann gehen sie nicht verloren. |
| | Nutzen Sie Farben (Textmarker oder unterschiedliche Schriftfarbe), um weiter zu strukturieren! | Dann wird Ihre Kladde übersichtlicher. |

- Notizen, die Sie Dokumenten, Orten oder Gegenständen zuordnen möchten
- kreatives Brainstorming

Zettel gehen verloren, verschwinden unter Dokumenten oder anderen Zetteln, machen einen unordentlichen Eindruck, werden nach Erledigung weggeworfen ...

> Lose Zettel – dazu zählen auch selbstklebende Zettel! – eignen sich sehr schlecht für Notizen!

Lose Zettel werden auch den folgenden Anforderungen an professionelle Notizen auf keinen Fall gerecht: *Ich kann meine aktuellen Notizen sofort sehen und gut überblicken!*

> Notizen sind dazu da, genutzt zu werden: Verstecken Sie sie nicht!

Damit Sie Ihre Notizen sofort sehen und gut überblicken können, brauchen Sie einen freien und gut zugänglichen Platz auf Ihrem Schreibtisch (oder einen schnell zugänglichen Platz im PC). (Mehr zum Dokumentenmanagement in diesem Kapitel, Abschnitt „Professionelles Schreibtischmanagement: Wo liegt's?", Seite 43). Das Notizbuch sollte nach Möglichkeit immer aufgeschlagen, die Datei immer geöffnet bleiben. Das ist natürlich schwer möglich, wenn Sie drei verschiedene Blöcke oder sogar einzelne Zettel benutzen!
Wer trotzdem nicht von Zetteln lassen kann, findet Vorschläge für einen sinnvollen Einsatz auch im Abschnitt „Haftnotizen" ab Seite 38. Dass viele von uns Zettel mögen, ist verständlich: Sie sind leicht zu haben, sehen oft hübsch aus und lassen uns alle Freiheiten.
Und welches sind die negativen Konsequenzen? Die verführerischen Zettel sind gleichzeitig auch recht „flatterhaft", unzuverlässig und genauso schnell wieder weg, wie sie gekommen sind! Müssen Sie deshalb ganz auf Zettel verzichten? Nein, Sie sollten sich nur gut überlegen, wie Sie Ihren „Zettelharem" in Grenzen halten:

## PINNWÄNDE UND WANDTAFELN NUTZEN

Tafeln oder Pinnwände können eine sehr gute „Heimat" für lose Zettel sein, sofern die Wand in Ihrem Blickfeld ist und sofern die Zahl der Zettel nicht überhand nimmt.
Der große Vorteil ist, dass die Notizen hier auch anderen leicht zugänglich sind. Deshalb eignen sich diese Wände auch besonders für die Teamarbeit.
Eine weitere Anwendung ist das Brainstorming: Fügen Sie nach und nach immer mehr Ideen zu einem Thema hinzu. An der Pinnwand können Sie Ihre Ideen immer wieder umsortieren und

gruppieren; Sie können verschiedene Zettelfarben und -formen nutzen. An der Wandtafel können Sie immer wieder etwas wegwischen und korrigieren oder mithilfe von Magneten etwas dazuhängen.
Allerdings haben diese Medien auch einen entscheidenden Nachteil: Nach abgeschlossenem Brainstorming werden die Zettel meist weggeworfen und die Wandtafel wird wieder gesäubert. Besser wäre es, wenn Sie Ihre früheren Notizen auch später noch problemlos finden und problemlos lesen und deuten können!

## ABHEFTEN UND ORDNEN: RINGBÜCHER

Notizen sollten auch zum Nachschlagen dienen: Werfen Sie sie nicht weg!

Falls Sie zunächst mit losen Zetteln oder auch mit Formularen arbeiten: Heften Sie die Notizen nachher in einem Ordner oder Ringbuch ab, sodass sie gespeichert bleiben.
Wenn Sie ohnehin mit einem Ordner oder Ringbuch arbeiten, liegt es natürlich nahe, die Notizen von Anfang an dort zu machen – statt zunächst auf Zetteln, im Kalender oder in einer Kladde. Ein Ringbuch kann sehr gut eine Kladde oder einen Block ersetzen. Der Vorteil ist, dass Sie immer wieder etwas dazu- und dazwischenheften können. Das Gleiche gilt für *Ringbuch-Kalender-Systeme*, für die Sie zahlreiche Kalendervarianten, Übersichten, Formularblätter und Leerseiten kaufen können. Diese Ringbuchsysteme haben allerdings meist den Nachteil, dass die Blätter nicht „normal" gelocht sind. Wenn Sie selbst lochen möchten (und das sollten Sie, da sonst wieder einige Zettel auf der Strecke bleiben werden), benötigen Sie Speziallocher, die in der Regel unverschämt teuer sind.
Ringbücher sind sehr flexibel, denn alles findet darin Platz. Gleichzeitig ist das auch ihr Nachteil: Es besteht die Gefahr, dass Sie sich Ähnliches immer wieder auf unterschiedliche Weise notieren, dass Sie nie zu einem einheitlichen und konsequenten System finden. Stattdessen geben Sie Ihrer Zettelwirtschaft einfach nur ein gemütliches Zuhause. Stellen Sie sich die Frage nach der Art der Notiz nicht immer wieder, sondern regeln Sie Ihr Notizenmanagement generell und systematisch! Das spart Zeit und erhöht die Übersichtlichkeit. Erfahrungsgemäß laden Ringbuchsysteme auch dazu ein, einzelne Blätter herauszunehmen und wegzuwerfen oder wegzugeben.
Im Gegensatz zu einem fest gebundenen Buch sind Notizen dort deshalb nicht sicher gespeichert.

### WENN SIE EIN RINGBUCH-SYSTEM BENUTZEN, ACHTEN SIE DARAUF, DASS

- zusätzliche Blätter selbst gelocht werden können;
- festgelegt ist, was Sie wie nutzen (und wie nicht);
- keine Blätter verloren gehen oder durcheinander geraten können!

### FORMULARE, FORMULARE ...

Formulare (Vordrucke) helfen immer dann, wenn Sie etwas oft in der gleichen Anordnung oder mit den gleichen Stichwörtern aufschreiben. Das beste Beispiel sind Telefonnotizen oder Bestellzettel: Sie werden oft weitergegeben (sodass ein loser Zettel dafür sinnvoll ist!) und enthalten immer die gleichen Elemente.

Vordrucke können Sie im Block kaufen oder selbst erstellen und kopieren: Kurzmitteilungen oder Kurzbriefe, Gesprächs- oder Telefonnotizen, Wochenbericht- oder Rapportformulare ...
Das größte Problem mit Formularen kennen Sie bestimmt: Sie führen zu Bürokratismus und Überorganisation, sobald sie überhand nehmen. Eine gute Mischung zwischen einerseits formalisiertem System und andererseits flexiblem Umgang finden Sie bei Karteien:

### KARTEIKARTEN – ALTBEWÄHRT UND NEU ENTDECKT

Karteikarten (ob elektronisch oder per Hand auf Papier) haben den Vorteil, dass sie unkompliziert sortiert und umsortiert, gruppiert und weitergegeben werden können.

### NOTIZFORMULARE

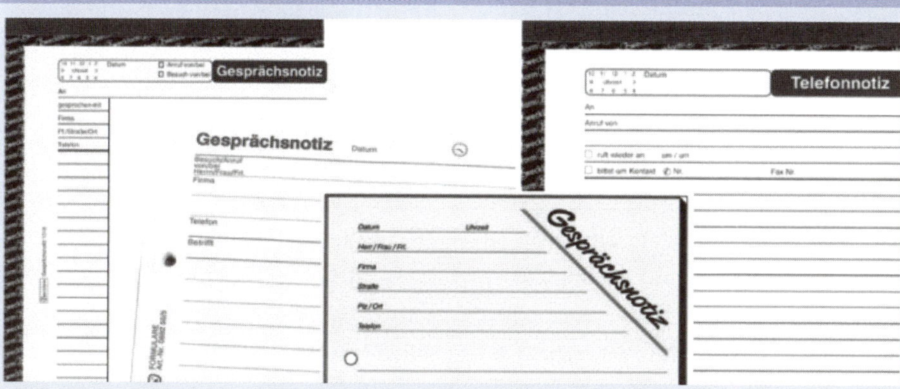

## FORMULARE NUTZEN

| ✔ | *Tipp* | *Vorteil* |
|---|---|---|
| | Formulare sollten immer *gelocht* sein! | Dann werden sie schneller abgeheftet. |
| | Formulare nicht doppelt schreiben, sondern eine Kopie mit untergelegtem *Blaupapier* erstellen! | Das spart Zeit und beugt Flüchtigkeitsfehlern vor. |
| | Formulare gibt es auch *selbstklebend*! | Dann können sie schneller Dokumenten zugeordnet werden. |
| | Formulare müssen *schnell* und *unkompliziert* auszufüllen sein! | Dann werden sie auch benutzt. |
| | Formulare können natürlich auch *elektronisch* erfasst und per E-Mail verschickt werden! | Das spart Papier und Zeit. |
| | *Übertreiben* Sie den Einsatz von verschiedenen Formularen nicht! | Dann bleibt Ihr System übersichtlich. |

Sie können einzelne Karten an andere ausleihen, wenn beispielsweise gerade eine Telefonnummer verlangt wird (*Telefon- oder Adresskartei*) oder ein Kunde zur Besprechung kommt (*Kontaktkartei*).

Informationen zu bestimmten Themen können Sie auf Karten zusammenfassen und dann jeweils ansehen, ohne von anderen Inhalten abgelenkt zu werden (*Stichwortkartei*).

Bewährt haben sich Karteien auch, wenn es um Ausleihe geht (zum Beispiel von Büchern, Akten oder auch allgemein von Material): Der eine Kasten enthält den vorhandenen Bestand – sortiert nach Stichworten – und der andere die ausgeliehenen Gegenstände – sortiert nach den Personen oder Stellen, die sie ausgeliehen haben.

Eine Kartei mit *Zitaten* oder *Zeitungsartikeln* (sortiert nach Thema), hilft bei der schnellen Recherche und sorgt dafür, dass Sie zwar an einem Ort alles finden, trotzdem aber an den unterschiedlichsten Orten ablegen können –

sofern Sie diese Ablageorte auf der Karteikarte notieren.
Die Möglichkeit, mit einem Karteisystem *Termine* zu planen, eignet sich für Sekretariate weniger gut: Sie müssten zu viele Karten erstellen und verwalten – das Ganze würde zum Zeitfresser. Das ist allerdings kein Grund, vorhandene Karteielemente (zum Beispiel einen Ansprechpartner aus einer Kontaktkartei) nicht auch einmal auf einen bestimmten Tag zu legen und damit zu „terminieren“: Nutzen Sie einfach Ihre Wiedervorlagemappe für diesen Zweck! (Mehr zum Thema Wiedervorlage im Kapitel 3, Abschnitt „Fristen und Wiedervorlagen: Wie sorgen Sie für Pünktlichkeit?“, ab Seite 101.)
Besonders bei kreativen Arbeiten hilft es, die Karten vor sich auszubreiten und zu gruppieren. Farben und Symbole auf den Karten erleichtern und beschleunigen die Informationssuche.

**FAZIT NOTIZEN**

| *Ich habe so wenig wie möglich …* | ✔ | *To do* | ✔ |
|---|---|---|---|
| • verschiedene Orte für Notizen | | | |
| • verschiedene Hilfsmittel | | | |
| • Änderungen meines Systems | | | |
| *Ich verwende lose Zettel …* | | *To do* | |
| • für andere | | | |
| • für Notizen, die ich zuordne | | | |
| • für kreatives Brainstorming | | | |
| *Ich kann aktuelle Notizen …* | | *To do* | |
| • sofort sehen | | | |
| • gut überblicken | | | |
| *Ich kann frühere Notizen …* | | *To do* | |
| • problemlos finden | | | |
| • problemlos lesen und deuten | | | |

Papier-Karteikarten haben gegenüber der PC-Variante den Vorteil, dass zum Beispiel Visitenkarten oder Fotos einfach mit auf die Karte geklebt oder geheftet werden können. Wenn Sie mit einer Kartei im Computer arbeiten, können Sie solche zusätzlichen Informationen natürlich auch einscannen.

**Übersichtliche To-do-Speicher: Was gibt's zu tun?**

Mittelpunkt der meisten Zeitmanagementsysteme ist eine To-do-Liste (Aufgabenliste, Taskliste ...).

Gute Gründe für das Aufschreiben aller Ihrer Aufgaben gibt es genug: Sie vergessen nichts. Sie müssen sich nicht anstrengen, damit Sie nichts vergessen. Sie müssen sich keine Sorgen darüber machen, ob Sie etwas vergessen werden. Sie müssen sich nicht fragen, ob Sie etwas vergessen haben!

Diese Punkte sind zunächst die wichtigsten und sie reichen bereits aus, um Ihnen dringend zu empfehlen:

> Speichern Sie Ihre Aufgaben irgendwo, nur nicht ausschließlich im Kopf!

Über diese einfache Anforderung hinaus können Aufgabenspeicher jedoch noch einiges mehr:

**ALLES IM KOPF**

- Sie gewinnen einen Überblick über alles.
- Sie können realistischer planen.
- Sie können durch Vergleich leichter priorisieren.
- Sie können übersichtliche Arbeitspakete bilden oder komplexe Aufgaben in Teilaufgaben abarbeiten.
- Sie sind in der Lage, jederzeit Auskunft über Ihre Tätigkeiten zu geben.
- Sie können eine Aufgabe bewusster abschließen, indem Sie sie abhaken.
- Sie sehen am Ende des Tages, was Sie geschafft haben und was noch zu tun ist.

Das klingt doch zu schön, um wahr zu sein, oder? Aber vielleicht haben Sie folgende leidvolle Erfahrung gemacht: Sie haben einen Aufgabenspeicher eine Weile genutzt und dann wieder fallen gelassen

– vielleicht dann, als der Zeitdruck zu groß wurde? Aufgabenspeicher sind oft aufwändig. Aufwändige Systeme werden meistens dann genutzt, wenn gerade viel Zeit dafür da ist – also dann, wenn sie eigentlich gar nicht gebraucht werden:

Speichern Sie Ihre Aufgaben schnell und simpel.
Speichern Sie Ihre Aufgaben mit Spaß und Bequemlichkeit.

## ANALYSIEREN SIE IHRE AUFGABENERFASSUNG

Überprüfen Sie an dieser Stelle Ihr eigenes System:

- Wo speichern Sie welche Aufgaben?
- Wo steht (oder liegt), was Sie zu tun beziehungsweise getan haben?

Erstellen Sie eine Mindmap über Ihre Aufgabenerfassung. (Am besten checken Sie Ihre Medien und Methoden direkt am Arbeitsplatz, damit Sie nichts übersehen!)

- Schreiben Sie alle Orte und Medien auf, die Sie benutzen, um sich an Unerledigtes zu erinnern.
- Notieren Sie jeweils dazu, was genau dort gespeichert ist.
- Bewerten Sie jeweils, wie zufrieden Sie damit sind.

Sie können auch die Mindmap aus Kapitel 1 verwenden und weiterentwickeln! Ihre Mindmap könnte jetzt zum Beispiel so aussehen:

## MINDMAP: MEINE AUFGABENSPEICHER

Überprüfen Sie anschließend Ihr System mit der folgenden Checkliste. Damit Sie Ihre verschiedenen Medien einzeln checken können, sind mehrere Spalten zum Abhaken vorgesehen: Nummerieren Sie dafür zunächst Ihre Aufgabenspeicher in der Mindmap (wie im Beispiel Seite 35) und tragen Sie dann die Nummer des Speichers jeweils über einer der Spalten ein.

**MEIN AUFGABENSPEICHER**

| Aufgabenspeicher Nr.: | | | | | | | | |
|---|---|---|---|---|---|---|---|---|
| • macht wenig Arbeit | | | | | | | | |
| • bietet einen guten Überblick | | | | | | | | |
| • ist flexibel für Änderungen | | | | | | | | |
| • wird regelmäßig genutzt | | | | | | | | |
| • bringt mir Vorteile | | | | | | | | |
| • ist angenehm, macht Spaß | | | | | | | | |
| • ist immer greifbar, sichtbar | | | | | | | | |

### Welche Aufgabenspeicher eignen sich besonders für das Sekretariat?

Besonders bewährt haben sich To-do-Listen und (ja, tatsächlich!) Haftnotizen.

## TO-DO-LISTEN

Im Sekretariat ist eine To-do-Liste besonders schwer zu pflegen: Sie können zum Beispiel keine Aufgabenliste im Kalender führen, weil viele Aufgaben nicht termingebunden sind oder sich häufig unvorhergesehen die Prioritäten ändern. Sie können nicht jeden Anruf protokollieren, wenn das Telefon ständig klingelt. Viele Aufgaben sind auch mit Dokumenten verknüpft. Dann sollten Sie diese Dokumente natürlich nicht unter oder in Ihre Aufgabenliste legen … Trotzdem macht eine Aufgabenliste Sinn:

> Notieren Sie alles, was Sie noch erledigen müssen, an *einem* Ort.

Meistens benötigen Sie zusätzlich auch noch ein Medium für *termingebundene* Aufgaben oder Aufgaben mit *Fristen* – dazu mehr im Kapitel 3 (ab Seite 80).

Wenn zu der Aufgabe *Unterlagen* gehören, gibt es ebenfalls einfachere Systeme als eine Aufgabenliste – mehr über Dokumentenmanagement im Abschnitt „Professionelles Schreibtischmanagement: Wo liegt's?", ab Seite 43.
Für alles andere (alles, was Sie ohne Frist und ohne Dokument einfach notieren möchten) ist der einfachste und sicherste Ort eine Kladde oder der PC – Beispiele und Tipps dazu in diesem Kapitel, ab Seite 26).
Damit Ihre To-do-Liste funktioniert, sollten Sie entscheiden, wie Sie die Blätter aufteilen, wie Sie mit erledigten und mit unerledigten Aufgaben umgehen und was genau Sie hier notieren beziehungsweise nicht notieren.
In der folgenden Checkliste finden Sie die Aspekte, über die Sie mindestens entscheiden müssen. Hier gibt es – wie so oft – keinen „einzig richtigen", sondern nur Ihren Weg:

Passen Sie Ihr System an Ihre persönlichen Vorlieben und an Ihre Aufgaben an!

## SPEICHER SYSTEMATISIEREN

| | | |
|---|---|---|
| Was soll hier notiert werden? | | |
| | | |
| | | |
| Was soll hier *nicht* notiert werden? | | |
| | | |
| | | |
| Mit Datum/Uhrzeit? Wo? | | |
| | | |
| | | |
| Wie wird Erledigung gekennzeichnet? | | |
| | | |
| | | |
| Was geschieht mit Unerledigtem? | | |
| | | |
| | | |

| | | |
|---|---|---|
| Gibt es Kennzeichnungen durch Farben? | | |
| | | |
| | | |
| Verwenden Sie Symbole/Abkürzungen? | | |
| | | |
| | | |
| Wann wird die Liste überprüft? | | |
| | | |
| | | |

## ELEKTRONISCHE TO-DO-LISTEN

Falls Sie Ihre To-do-Liste im PC führen möchten, eignen sich am besten die Notizfunktionen von Microsoft Outlook oder Lotus Notes: Hier können Sie Ihre Aufgaben auch per Mail verschicken, zugehörige Dokumente anhängen oder aus der Aufgabe einen Termin generieren. Falls Sie keine auf Aufgabenmanagement spezialisierte Software haben, können Sie Ihre Liste auch mit Excel oder einem anderen Tabellenkalkulationsprogramm führen: Nutzen Sie in Excel zum Beispiel den Autofilter und die Sortierfunktionen.

## HAFTNOTIZEN

Haftnotizen (Post-its oder andere selbstklebende Zettel) eignen sich für Aufgaben, die:

## AUFGABENLISTE IN OUTLOOK

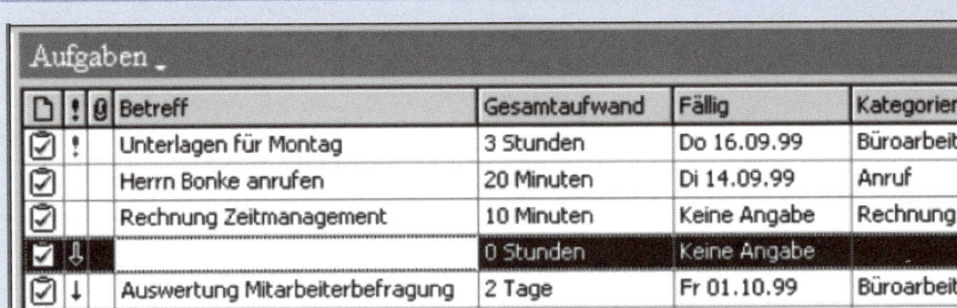
Aufgaben

| | ! | | Betreff | Gesamtaufwand | Fällig | Kategorien |
|---|---|---|---|---|---|---|
| | ! | | Unterlagen für Montag | 3 Stunden | Do 16.09.99 | Büroarbeit |
| | | | Herrn Bonke anrufen | 20 Minuten | Di 14.09.99 | Anruf |
| | | | Rechnung Zeitmanagement | 10 Minuten | Keine Angabe | Rechnung |
| | ↓ | | | 0 Stunden | Keine Angabe | |
| | ↓ | | Auswertung Mitarbeiterbefragung | 2 Tage | Fr 01.10.99 | Büroarbeit |

- sehr schnell erledigt werden (Der Zettel ist schnell wieder verschwunden.)
- später keine Rolle mehr spielen (Sie brauchen Ihre Notiz später nicht mehr und können sie wegwerfen.)
- delegiert oder weitergeleitet werden (Der Zettel, und damit das Problem, damit umzugehen, wird weitergegeben.)
- zu Dokumenten gehören (Die Notiz klebt auf einem anderen Papier.)
- ständig verschoben oder neu terminiert werden (Die Notiz klebt im Kalender oder in der Wiedervorlagemappe.)

Klebezettel haben zwei entscheidende Vorteile: Erstens sind es einzelne Zettel und zweitens kleben sie!
Einzelne Zettel benötigen Sie immer dann, wenn Sie Ihre Notiz bald wegwerfen möchten, wenn Sie die Notiz weitergeben oder wenn Sie die Zettel immer wieder neu sortieren und anordnen möchten.
Falls Sie Haftnotizen verwenden, um (kurzfristige!) Aufgaben zu speichern:

> Sorgen Sie dafür, dass Ihre Haftnotizen sichtbar bleiben, nicht verloren gehen und nicht überhand nehmen!

Zum Beispiel darf der Zettel nicht durch andere Zettel verdeckt werden, herunterfallen (das ist ein Zeichen, dass er zu lange hängt!) oder an einer Stelle kleben, wo Sie selten hinsehen. *Mehr als drei bis fünf Haftnotizzettel sind zu viel* (auch für andere!). Sortieren Sie spätestens dann aus oder übertragen Sie die Aufgabe in Ihre To-do-Liste! Kleben Sie die Zettel nie zusätzlich mit Klebeband fest, damit sie länger halten: Das sollen sie gar nicht, denn sie sind ausschließlich als kurzfristige Helfer gedacht.
Selbstklebende Zettel können – im Gegensatz zu losen Zetteln – schnell und unkompliziert Orten oder Unterlagen zugeordnet werden: Eine Notiz am Telefon bezieht sich auf einen Anruf, ein Zettel an einem Brief bezieht sich auf den Brief (mehr zum Umgang mit Dokumenten im nächsten Kapitel). Auch hier gilt allerdings: Speichern Sie nur kurzfristige Aufgaben! Die Gefahr, dass ein Klebezettel nach einiger Zeit verloren geht, ist zu groß.
Wenn Sie selbstklebende Zettel verwenden, dann denken Sie auch an die Möglichkeit, verschiedene Farben und Formen einzusetzen:

> Kennzeichnen Sie unterschiedliche Arten von Aufgaben, unterschiedliche Dringlichkeit oder Wichtigkeit durch Farbe oder Form!

Und zuletzt: Wenn Sie merken, dass Sie eine Notiz doch aufbewahren müssen, dann kleben Sie den Zettel in Ihre Kladde oder in eine Ordnungsmappe, damit er nicht verloren geht.

## HAFTNOTIZEN FÜR DEN PC

Mit der geeigneten Software können Sie nicht nur Papier sparen, sondern Ordnung schaffen, ohne auf Haftnotizen verzichten zu müssen. Zum Beispiel mit dem Programm *ActiveNote* (früher *NoteIt*) stehen Ihnen elektronische Notizzettel in beliebiger Anzahl zur Verfügung. Im Gegensatz zu Papiernotizen können Sie diese „Haftnotizen" sortieren, verschlüsseln und per E-Mail verschicken. Die kleinen bunten Helfer speichern zusätzlich auch Multimedia-Elemente (Sprache, Bilder …). Das Programm ist kostenlos, Sie können es von der Internetseite *www.activenote.de* herunterladen.

Wenn Sie mit *Microsoft Outlook* arbeiten, haben Sie die gleiche Funktion bereits im Programm integriert: Die so genannten Notizen in Outlook können Sie sowohl innerhalb des Programms nutzen als auch als Verknüpfung auf Ihren Desktop kopieren.

## CHECKLISTEN

Speichern Sie möglichst wenig „nur im Kopf" – diese Regel gilt für alles, was Sie sich kurzfristig merken möchten, aber insbesondere auch für alles,

- was Sie längere Zeit speichern müssen oder
- was Sie immer wieder wissen müssen oder
- was Sie an andere weitergeben möchten oder

## NOTIZ-SOFTWARE

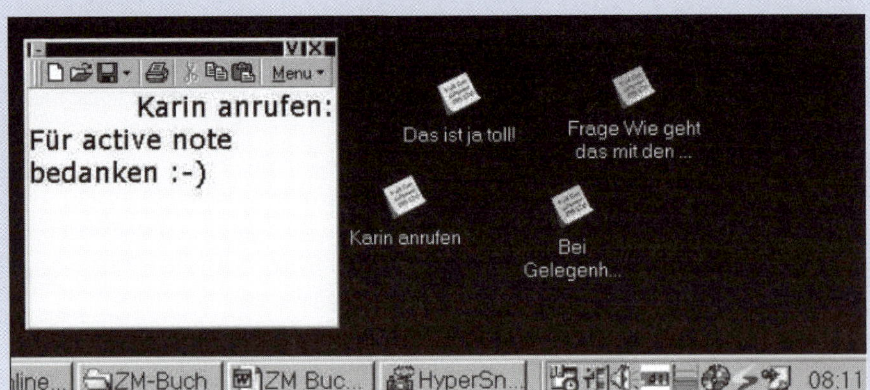

- was mit sehr komplexen Abläufen verbunden ist.

Natürlich können Sie darüber auch Mindmaps erstellen und übersichtlich ablegen oder Notizen in Ihrer Kladde oder Ihrer PC-To-do-Liste hinterlassen. Allerdings lohnen sich in diesen Fällen auch Checklisten – strukturierte, übersichtliche Formblätter, auf denen die einzelnen Punkte während der Bearbeitung abgehakt werden können.

- Wofür haben Sie bereits (eigene oder vorgegebene) Checklisten?
- Für welche Arbeiten könnten Sie zusätzlich eine Checkliste einsetzen?

Besonders geeignet sind Checklisten zum Beispiel für:

- *in längeren Abständen wiederkehrende Aufgaben* – wie die Weihnachtspost, die Vorbereitung einer Verabschiedung, der Jahresbericht … (alles, was Sie vielleicht beim nächsten Mal schon wieder vergessen haben könnten)
- *häufig wiederkehrende Aufgaben* – wie Reisevorbereitungen, Besprechungs- oder Besuchsvorbereitungen, Überprüfen der Bestände an Büromaterial … (alles, worüber Sie nicht jedes Mal wieder neu nachdenken möchten)
- *Aufgaben, die eventuell andere übernehmen könnten* (wenn Sie sich nur darauf verlassen könnten, dass nichts vergessen wird!) – wie Bestellungen, die Vorbereitung eines Besprechungsraums, die Buchung von Räumen, Hotelzimmern oder Flügen … (alles, wofür andere eine Art Gebrauchsanleitung brauchen)
- *komplexe Aufgaben, bei denen Sie die Übersicht verlieren könnten* – wie ein Umzug, die Vorbereitung einer Großveranstaltung, die Durchführung eines Projekts … (alles, wofür unstrukturierte Notizen zu unübersichtlich wären)

Dabei sollten Checklisten folgende Kriterien erfüllen, um möglichst viel Nutzen zu bringen:

## CHECKLISTEN-CHECK

| ✔ | *Grundregeln* | *Tipps* |
|---|---|---|
| | leicht zu reproduzieren | Erstellen Sie auf jeden Fall eine Datei im Computer, die Sie immer wieder drucken können. Nutzen Sie bei Microsoft Word die Formularfunktionen und speichern Sie diese als Dokumentvorlage ab. |
| | allen zugänglich, die sie brauchen | Stellen Sie die Checkliste(n) mit aussagekräftigen Bezeichnungen auf einem gemeinsamen Laufwerk oder in einem allen zugänglichen Ordner zur Verfügung. |
| | mit wenig Aufwand zu erstellen und zu ergänzen | Erstellen und ergänzen Sie Checklisten, *während* Sie eine Aufgabe bearbeiten. Bei neuen Aufgaben protokollieren Sie eventuell erst mit einer Mindmap, bei „alten" Aufgaben ergänzen Sie Ihre Checkliste sofort im PC, sobald ein neuer Punkt hinzukommt. |
| | übersichtlich und leicht zu überblicken | Verzichten Sie auf komplizierte Sätze, lange Wörter oder eine verschachtelte Darstellung. Wählen Sie eine große und gebräuchliche Schriftart. Fügen Sie zwischen den einzelnen Punkten Abstände oder Linien ein. Markieren Sie Schlagworte mit Fettdruck, arbeiten Sie mit Überschriften, fügen Sie eventuell Abbildungen ein ... |
| | Möglichkeit, Erledigtes abzuhaken | Fügen Sie vor jedem Punkt ein Kästchen oder Ähnliches ein, das angekreuzt werden kann: Keiner sollte in Versuchung geraten, Erledigtes durchzustreichen – das dauert unverhältnismäßig lange und macht die Checkliste unansehnlich und unübersichtlich. |
| | Möglichkeit, Notizen hinzuzufügen | Fügen Sie je nach Thema Spalten oder Zeilen für sinnvolle Notizen hinzu. Beliebt sind zum Beispiel Spalten, in denen das Datum der Erledigung, der Verantwortliche oder der Bearbeitungsstatus eingetragen werden kann. Lassen Sie auch Platz für freie Notizen (am Rand oder zwischen den einzelnen Punkten). |

Falls Sie lieber mit dem PC als mit Papier arbeiten: Die beste Software für Checklisten im Office-Paket ist Microsoft Excel:

**CHECKLISTE IN EXCEL**

| | A | B | C | D–G |
|---|---|---|---|---|
| 1 | Status | Thema | Details | Notizen / Ergebnisse |
| 61 | ☐ | Einnahmekalkulation aufstellen | | |
| 62 | | ✓ | Teilnehmerbeiträge | 15 EUR / Person = ca. 300 EUR |
| 63 | | ✓ | Rücklagen (angesparte) | 200 EUR |
| 64 | | ☐ | Zuschüsse von Land, Bund | |
| 65 | | ☐ | Ministerium, Sponsoren | |
| 66 | | ☐ | | |

Dort können Sie problemlos unterschiedlichste Spalten pro Check-Punkt einrichten und anschließend zum Beispiel nach Stichwort, Verantwortlichem oder Datum der Erledigung filtern und drucken. So erhalten Sie schnell einen Ausdruck aller unerledigten Punkte oder auch ein Blatt, auf dem nur die Aufgaben für Herrn Müller gelistet sind. Nutzen Sie auch die Möglichkeit, in Zellen Auswahllisten zu hinterlegen: Dann können Sie anschließend per Dropdown aus einer definierten Liste auswählen.

> Checklisten sparen – einmal erstellt – viele Male Zeit und Aufwand. Sie beugen Fehlern vor, motivieren durch die Möglichkeit, Erledigtes abzuhaken, und erleichtern das Delegieren!

Besonders hilfreich sind Checklisten immer dann, wenn jemand anders die Aufgabe übernehmen soll: beim Delegieren. Das gilt natürlich auch für den Fall, dass Sie im Urlaub oder bei Krankheit vertreten werden müssen! (Mehr zum Thema Delegieren im Abschnitt „Delegieren und delegieren lassen: Wie werden Aufgaben professionell weitergegeben?“, ab Seite 74.)

## Professionelles Schreibtischmanagement: Wo liegt's?

**ORDNUNG NACH BEDARF**

Ein freier, ordentlicher Schreibtisch, mit einem Griff das Richtige in der Hand, mit einem Blick die richtigen Informationen – das sind die wichtigsten Ziele beim Schreibtischmanagement.
Wo Sie Unterlagen und Hilfsmittel in Ihrem Büro hinlegen, sollte sich danach richten, wie oft beziehungsweise wann Sie diese Dinge benutzen. Die Wichtigkeit – zum Beispiel von Unterlagen – spielt dabei keine Rolle! Wenn Sie zum Beispiel täglich eine Schere brauchen, sollte sie auf Ihrem Schreibtisch liegen

(oder in einem Ständer auf Ihrem Schreibtisch stecken). Ein – überaus wichtiger – Projektordner, den Sie nur alle drei Wochen ein Mal aufschlagen, kann dagegen auf der weit entfernten Seite des Raumes im Regal stehen.
Die erste Grundregel beim Schreibtischmanagement lautet:

> Wenn Sie etwas *jetzt* brauchen:
> Legen Sie es vor sich!
> Wenn Sie etwas *jetzt nicht* brauchen:
> Entfernen Sie es von dem Platz vor Ihnen!

Der Platz vor Ihnen ist meistens durch eine Schreibtischunterlage definiert. Das ist Ihr „Akut-Arbeitsbereich“: Hier liegt nur das, woran Sie gerade arbeiten. Und wenn etwas dort liegt, dann bedeutet das, dass Sie gerade daran arbeiten!
Unter anderem aus diesem Grund sollten Sie die Schreibtischunterlage weder als Notizblock noch als Dokumentenablage nutzen:
Als Notizblock ist sie schon allein deshalb ungeeignet, weil die Blätter sehr schlecht „gespeichert“ werden können (siehe Abschnitt „Strukturierte Notizen: Wo stand das doch gleich?“, ab Seite 25). Außerdem sehen Sie Ihre Notizen nur dann, wenn gerade nichts darauf liegt: sehr selten!
Wenn Sie einfach alles und jedes vor sich legen (oder legen lassen), verhindern Sie eine bewusste Entscheidung darüber, worauf Sie aktuell Ihre Konzentration richten möchten: Sie wühlen sich wahllos durch die Arbeit, statt gezielt und strukturiert Prioritäten zu setzen.
Die Schreibtischunterlage ist immer dann *frei*, wenn Sie gerade nicht an oder mit einem Dokument arbeiten! Das bedeutet natürlich auch, dass andere nichts in diesen Bereich legen sollten – besser geeignet für eingehende neue Dokumente oder Notizen ist der Eingangskorb (siehe Seite 47).

**SPERRGEBIET**

> Wenn Sie etwas täglich brauchen:
> Legen Sie es in bequeme Griffweite!
> Wenn Sie etwas seltener als täglich brauchen: Entfernen Sie es aus Ihrer bequemen Griffweite!

Bequeme Griffweite bedeutet, dass es nach Möglichkeit *auf* dem Schreibtisch oder einem anderen Möbel neben Ihrem Stuhl (Regal oder Sideboard) platziert ist. Sie sollten nicht erst Schubladen oder Schränke öffnen müssen (das sind dann zwei Griffe!), sollten sich dafür nicht verrenken oder sogar aufstehen. Das bedeutet nicht, dass Sie nun nie wieder aufstehen dürfen! Es gibt immer noch genügend Anlässe, um sich zwischendurch zu bewegen. Ziel der Ordnung nach Bedarf ist, alles so anzuordnen, dass Sie möglichst wenig *notwendige* Handgriffe oder Wege haben. Dadurch sparen Sie zunächst einmal Zeit und Mühe. Viel wichtiger ist jedoch, dass Sie dann nicht in Versuchung geraten, unter Zeitdruck „Zwischenspeicher" anzulegen: „Ich habe im Moment keine Zeit, um das richtig abzulegen, deshalb lege ich es jetzt erst mal hierhin und räume später auf …" Bestimmt wissen Sie, was geschieht: In der Regel werden die „Zwischenlager" immer größer, immer unangenehmer und eventuell sogar zum Dauerzustand.

> Halten Sie den Weg zum „Endlager" so kurz, dass Sie keine „Zwischenlager" benötigen!

Dann brauchen Sie sich auch keine Gedanken über deren Beseitigung machen. Praktische Hilfsmittel für mehr Ordnung auf dem Schreibtisch gibt es genug: Utensilienschalen und -ständer, Schubladenboxen, Mappen, Register, Ablagekörbe, Dokumentenhalter … Natürlich sollte Ihr Schreibtisch auch nicht überladen sein: Sie brauchen auf jeden Fall genügend Arbeitsfläche und Bewegungsfreiheit. Aber: Ein gut organisierter Schreibtisch hat wesentlich mehr Ablagefläche als Grundfläche. Durch Ordnungshilfsmittel können Sie dafür sorgen, dass Ihr unmittelbarer Arbeitsbereich viel größer ist, als er aussieht!

> Wenn Sie etwas wöchentlich brauchen: Legen Sie es in Armweite!
> Wenn Sie etwas seltener als wöchentlich brauchen: Entfernen Sie es aus Ihrer Armweite!

Armweite bedeutet, dass Sie nicht dafür aufstehen müssen. Allerdings kann es auch in einem Schrank oder einer Schublade liegen. Es kann auch hinter Ihnen sein, sodass Sie sich erst umdrehen müssen. Wenn Sie etwas mindestens ein Mal in der Woche brauchen, sollte es ohne viel Aufwand zugänglich sein. Platz sparende Hilfsmittel sind hier zum Beispiel Hängeregister in Schubladen, Rollcontainer, Sideboards oder Regale …

> Wenn Sie etwas monatlich brauchen: Lagern Sie es in Ihrem Büro!
> Wenn Sie etwas seltener als monatlich brauchen: Entfernen Sie es aus Ihrem Büro!

Für etwas, das Sie nur ein Mal im Monat brauchen, können Sie auch aufstehen und den Schreibtisch verlassen. Es sollte allerdings noch in Ihrem Büro zu finden sein. Sobald Sie etwas weniger häufig als ein Mal im Monat brauchen, kann es in andere Räume „ausgelagert" werden: Falls Sie die Möglichkeit haben, legen Sie dafür ein Archiv in einem anderen Raum an. Vielleicht gibt es auch jemanden, der diese Dinge häufiger benutzt, sodass sie besser dort aufgehoben wären? Sofern Sie nicht auslagern können, wählen Sie die am schwersten und unbequemsten zu erreichenden Stellen in Ihrem Büro (zum Beispiel sehr hoch oder sehr tief gelegene Regalbretter oder Schränke in Ecken, die von Ihrem Schreibtisch weit entfernt sind).
Falls Sie sich nicht sicher sind, wie oft Sie einzelne Unterlagen, Hilfsmittel oder Materialien „eigentlich" brauchen: Kleben Sie eine Haftnotiz daran und vermerken Sie jeweils das Datum, sobald Sie das „Ding" verwenden. Dann können Sie später nachprüfen, ob Sie es tatsächlich eher täglich, eher wöchentlich oder eher monatlich gebraucht haben.

**BÜROAUFTEILUNG**

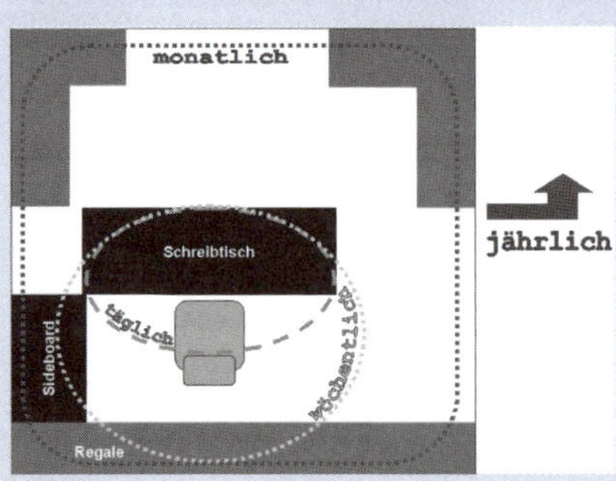


Gestalten Sie Ihren Arbeitsbereich bewusst nach Ihren Bedürfnissen!

## DOKUMENTENMANAGEMENT IM ARBEITSBEREICH

Dokumentenmanagement ist eine der wichtigsten Herausforderungen im Sekretariatsalltag: Wohin mit Dokumenten, Papieren, Broschüren, die Sie aktuell brauchen? Es gibt immer Unterlagen, die Sie noch nicht endgültig ablegen können: Sie arbeiten gerade mit beziehungsweise an ihnen, Sie warten noch auf eine Information dazu oder Sie brauchen sie immer in Griffweite.
Im schlimmsten Fall landen diese Unterlagen in Stapeln auf oder um den Schreibtisch:

Dulden Sie keine Papierstapel in Ihrem Arbeitsbereich!

Warum? Stapel machen nicht nur einen sehr schlechten Eindruck auf andere, sondern haben auch viele direkte Nachteile: Dokumente in Stapeln verschwinden aus dem Blick, sobald der Stapel wächst. Stapel müssen regelmäßig durchgesehen werden: Das ist ein Zeitfresser! Stapel machen ein schlechtes Gewissen: Je höher der Stapel, desto mehr haben Sie den Eindruck, mit der Arbeit nicht nachzukommen. Stapel sind sehr unkomfortabel, sobald Sie etwas Bestimmtes suchen: Dann müssen Sie den ganzen (oder alle?) Stapel komplett durchgehen. Besonders riskant sind Stapel, die befristete Aufgaben enthalten: In einem Stapel liegt das älteste Dokument meistens unten – das älteste Dokument ist jedoch nach einer Weile gleichzeitig das dringendste!

Ablagekörbchen sind oft getarnte Stapel!

Ablagekörbe (oder auch Fächerboxen) werden häufig dafür verwendet, einem Stapel mehr Halt und einen gemütlichen Aufenthaltsort zu geben. Dulden Sie Ablagekörbe nur für folgende vier Verwendungszwecke:

- *Ein Eingangskorb*
  Der Eingangskorb enthält alles, was Sie neu bekommen und noch nicht angesehen haben. Dort wird die eingehende Post abgelegt, aber auch alles, was Sie von Kollegen oder von Vorgesetzten bekommen. Ein Eingangskorb ist allein schon deshalb sinnvoll, weil dann nicht alles einfach mitten auf Ihrem Schreibtisch „notlandet", wo es Ihr persönliches Ablagesystem sprengt. Außerdem empfiehlt es sich, Kollegen dazu zu erziehen, nicht jedesmal zu fragen: „Wo soll ich Ihnen das hinlegen?" Dafür ist ein Eingangskorb die beste Lösung! Der Eingangskorb sollte immer nach oben offen sein. Wenn Sie mehrere Körbe aufeinander stellen, dann ist der Eingangskorb der oberste!

- *Ein Ausgangskorb*
  Der Ausgangskorb enthält alles, was Ihr Büro verlassen soll: sowohl den Postausgang als auch alles, was Sie intern weitergeben. Falls Sie viel in Ihrem Ausgangskorb haben, macht manchmal auch eine Trennung in verschiedene Körbe Sinn (zum Beispiel ein separater Korb für den externen Postausgang).

- *Ein Ablagekorb*
  Der Ablagekorb enthält alles, was abgelegt werden muss, aber nicht sofort abgelegt werden kann: zum Beispiel Dokumente, die Sie in einem anderen Raum ablegen, oder etwas, für das Sie durch den ganzen Raum gehen müssten (wofür Sie gerade keine Zeit haben). Grundsätzlich sollte gerade der Ablagekorb nach oben geschlossen sein, damit sich kein zu hoher Stapel darin anhäuft! Die einfachste

Lösung ist, einen anderen Korb daraufzustellen (zum Beispiel den Eingangskorb).

- *Körbe für Formulare, Vordrucke oder Papier*
  Sinnvoll sind Körbe auch, um einen Stapel Papier mit identischen Blättern zu lagern. Zum Beispiel ein Korb, in dem nur leere Blätter sind, oder ein Korb mit einem Stapel Gesprächsnotizformulare oder ein Korb mit einem Stapel Informationsblätter, die Sie täglich herausgeben ... Im Handel sind auch Körbe mit Einteilungen, um DIN-A5- oder noch kleinere Formate zu sortieren, oder Korbeinteilungen für Utensilien wie Büroklammern, Schere, Klebstoff, Briefmarken ...

Benutzen Sie *keine* Ablagekörbe, sondern sortieren Sie zum Beispiel in einem Hängeregister, einem Schubladen- oder Fächerkasten, in Fächern im Regal oder in Ordnungsmappen:

- falls Sie *viele* verschiedene Bestimmungsorte für *ausgehende Dokumente* haben
- falls Sie *viele* Dokumente *später* erst *ablegen*
- falls Sie *viele* verschiedene *Formulare, Vordrucke* oder *Papierarten* regelmäßig brauchen

Ein Korb sollte nämlich nie sehr voll sein – auf keinen Fall dürfen sich die Dokumente über den Rand hinaus stapeln! Das Gleiche gilt natürlich auch für alle anderen „Behälter" – wie Schubladen, Fächerboxen oder Stehsammler. *Aber*: Was tun mit den Stapeln, die nun noch übrig bleiben? Ganz einfach:

Geben Sie allem, was Sie zwischendurch ablegen müssen, einen Platz, wo es hingehört!

Dieser Platz ist eben kein Stapel und auch kein Ablagekorb. Schlecht eignen sich auch Ordner, selbst wenn sie direkt auf dem Schreibtisch stehen, denn Ordner müssen Sie immer wieder umständlich auf- und zuklappen, die Dokumente müssen gelocht werden, der Ordner nimmt viel Platz ein ... Es gibt nützlichere Medien:

## WAS ORDNE ICH WOMIT?

| | *Dokument* | *Tipps zur Zwischenablage* |
|---|---|---|
| | *mit Termin oder wartet* | Legen Sie diese Dokumente in Ihre Wiedervorlage auf den Tag, an dem sie wieder gebraucht werden oder an dem sie wieder kontrolliert werden sollten. (Medien und Techniken zur Wiedervorlage im Kapitel 3, Abschnitt „Fristen und Wiedervorlagen: Wie sorgen Sie für Pünktlichkeit?", ab Seite 101.) |
| | *für andere* | Sammeln Sie Dokumente für andere in einer Ordnungsmappe (Postmappe) – eine Mappe pro Person. Falls Sie mehrere Personen betreuen, unterscheiden Sie die Mappen am besten auch farblich. Denken Sie an die Möglichkeit, für jeden zwei Mappen anzulegen: Dann brauchen Sie die Dokumente bei der Übergabe nicht herauszunehmen, sondern tauschen nur die „alte" Mappe gegen die „neue". |
| | *mit einer Aufgabe für mich verbunden* | Falls es sich um eine Aufgabe handelt, die Sie an einem bestimmten Tag erledigen sollten: Wiedervorlage! Falls es sich um eine unbefristete Aufgabe handelt, benutzen Sie eine Ordnungsmappe. Mappen sind vor allem für Aufgaben zu empfehlen, die viel beziehungsweise unbegrenzt Zeit haben, denn wenn die Mappe zugeklappt ist, könnte es sein, dass Sie die Aufgabe darin erst einmal vergessen! Für alle anderen Aufgaben ist es besser, sie nicht aus den Augen zu verlieren (siehe unten). |
| | *mehrere zusammengehörige Dokumente* | Benutzen Sie ein so genanntes „Desktop-File". Das ist ein Kasten, in den Sie Mappen mit Dokumenten hineinstecken. So sparen Sie Platz auf dem Schreibtisch. Die einzelnen Mappen können mit Reitern versehen werden, sodass Sie von außen immer sehen, was drin ist. |

Die beste Möglichkeit, um Stapel in den Griff zu bekommen, ohne die Dokumente aus den Augen zu verlieren, ist, den Stapel *aufrecht zu stellen* und den Inhalt mit einem Register zu versehen – ein so genanntes Desktop-File:

**DESKTOP-FILE**

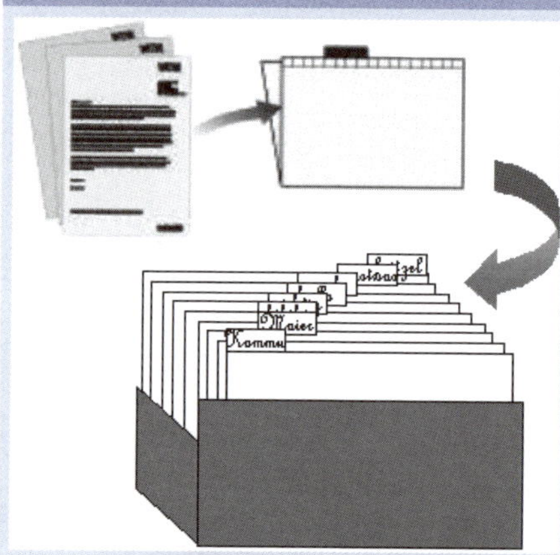

Sie legen Ihre Dokumente einfach in Mappen und stellen die Mappen mit einem Reiter in einen Kasten: So sehen Sie zum einen von außen bereits, was der Stapel enthält, und zum anderen sparen Sie Platz, da die Dokumente aufrecht gelagert werden. Neues kann jederzeit von oben einsortiert werden, ohne dass Ihr „Stapel" durcheinander gerät. Die Reiter können Sie mit einem abwischbaren Stift immer neu beschriften.

Ein gutes System für diesen Zweck bietet zum Beispiel die Firma Mappei an (www.mappei.de). Sie können es sich aber natürlich auch selbst „basteln" (aus einem passenden Kasten oder Karton, beliebigen Ordnungsmappen und Reitern zum Aufstecken).

Sobald Sie einen guten Platz für jedes Papier gefunden (und am besten auch beschriftet) haben, bleibt nur noch eine Frage: *Wie finde ich es dort wieder?* Es könnte ja sein, dass Sie (oder jemand anders) zwischendurch etwas brauchen, das Sie auf Wiedervorlage gelegt haben oder das in Ihrer To-do-Mappe liegt. Sobald ein Dokument dauerhaft unter dem richtigen Stichwort abgelegt ist, sollte das Finden kein Problem sein. In der Zwischenzeit aber fehlt es dort, wo es „eigentlich" hingehört!

Für diesen Fall eignen sich *Stellvertreter und Verweise*:

Einen Stellvertreter benötigen Sie immer dann, wenn Sie am „eigentlichen" Platz des Dokuments (im Ordner) darauf hinweisen möchten, wo sich das Dokument zurzeit befindet. Stellvertreter sind also ein Ersatz für das Originaldokument. Dazu lochen Sie einfach einen Trennstreifen hoch statt quer (siehe Abbildung Seite 51) und heften diesen Trennstreifen an die Stelle im Aktenordner, wo das Dokument „eigentlich" hingehört. Auf dem Trennstreifen sollte notiert sein, wo das Dokument im Moment ist (Bleistift benutzen):

## STELLVERTRETER BENUTZEN

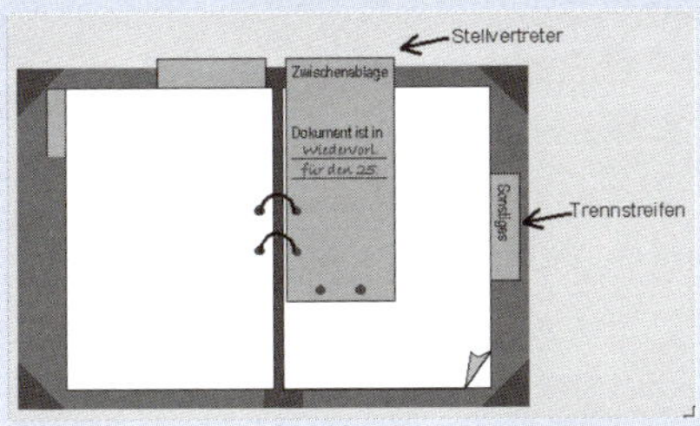


Wenn ab jetzt jemand den Ordner an dieser Stelle aufschlägt, sieht er sofort, wo er suchen muss. Mit verschiedenfarbigen Trennstreifen können Sie zum Beispiel „Ist-in-der-Wiedervorlage"-Stellvertreter von „Hat-Herr-Müller-mitgenommen"-Stellvertretern unterscheiden. So sehen Sie dann nicht nur auf den ersten Blick, wo etwas fehlt, sondern auch noch, wo es jetzt ist.
Einen *Verweis* brauchen Sie immer dann, wenn Sie sich irgendwo etwas notieren, zu dem ein Dokument gehört: in Ihrer Kladde, im Kalender, im Computer ... Statt das Dokument zur Notiz zu legen, notieren Sie lieber, wo etwas dazu abgelegt ist (zum Beispiel „WV 15" für „siehe Dokument in der Wiedervorlagemappe unter 15" – oder „TD" für „siehe Dokument in der To-do-Mappe").
Falls Sie vorhaben, ein Dokument *sehr lange* in Ihrer Zwischenablage zu halten: Denken Sie noch einmal darüber nach! Vielleicht reicht es auch, in der Zwischenablage einen Verweis auf den Ablageort des Dokuments zu führen – eine Notiz, welches Dokument dafür benötigt wird. Vielleicht machen Sie sich auch einfach eine Kopie. (Nicht vergessen, auf der Kopie zu vermerken, dass es sich um eine solche handelt!) Dann können Sie das Original sofort „richtig" ablegen.

## DER BESTE FREUND DES MENSCHEN

Und was tun Sie mit Dokumenten, mit denen Sie *nichts anfangen* können, die Sie *nirgendwo einsortieren* können? Der beste Freund des Menschen – nach dem Hund – ist der Papierkorb! Eine andere Möglichkeit sollte es eigentlich nicht geben! Überlegen Sie ansonsten noch einmal, ob Ihr System wirklich vollständig ist: Brauchen Sie eine zusätzliche Kategorie? Wenn nicht: Legen Sie das Dokument *nicht* ab. Entweder Sie können das Dokument bearbeiten, zuordnen oder weiterleiten oder: *Sie werfen es weg*. Falls Sie öfter Dokumente haben, von denen Sie vermuten, dass Sie sie wegwerfen können, sich aber nicht ganz sicher sind: Schaffen Sie sich einen „Vorpapierkorb" an. Ein Vorpapierkorb ist ein Körbchen, eine Kiste oder eine Schublade, wo Sie alles ablegen, was Sie zur Sicherheit noch nicht wegwerfen möchten (immer das Neuste oben drauf). Sobald der Vorpapierkorb voll ist, nehmen Sie von unten eine Handvoll Blätter raus und werfen das Ganze (ohne es noch einmal durchzusehen) in den echten Papierkorb.

Ist Ihr Arbeitsbereich gut organisiert? Überprüfen Sie Ihr Schreibtischmanagement:

**ARBEITSBEREICH ORGANISIEREN**

| *Grundregeln* |
|---|
| • Ich habe genügend *freie Arbeitsfläche* vor mir.<br>• Ich habe *keine Stapel* und verdecke nichts mit etwas anderem.<br>• Ich lagere alles da, wo es *hingehört*.<br>• Alles, was nirgendwo hingehört, *werfe* ich *weg*.<br>• Ich sortiere mithilfe verschiedener *Farben*, sodass ich alles sofort erkenne.<br>• Alles hat einen sinnvollen *Platz*, sodass ich es auch blind finden würde.<br>• Ich habe *keine überflüssigen* oder störenden *Dinge* in meinem Arbeitsbereich.<br>• Ich muss keine *unnötigen Handgriffe* machen.<br>• Meine Organisation ist für andere leicht *verständlich* und *durchschaubar*. |

**Arbeiten mit Prioritäten: Was zuerst?**
Was hat für Sie oberste Priorität? Welche Aufgaben ziehen Sie allen anderen vor? Welche Aufgaben erledigen Sie zuerst? Im Sekretariat arbeiten Sie in einer für Prioritäten denkbar ungünstigen Situation:

- Ihre Prioritäten *ändern* sich im Laufe des Tages und oft von einem Moment zum anderen: Was vor fünf Minuten noch das Wichtigste war, kann plötzlich bis morgen warten.
- Ihre eigenen Prioritäten können in *Konflikt* geraten mit denen anderer Mitarbeiter. Bei mehreren Vorgesetzten oder bei der Teamassistenz können unterschiedliche Mitarbeiter widersprüchliche Prioritäten haben beziehungsweise vorgeben.
- Bei chronischem *Zeitmangel* werden Aufgaben mit geringerer Priorität oft nicht einfach nur später, sondern eventuell auch nie erledigt: Wenn Sie etwas nicht sofort tun, wird es vielleicht nie getan.

Leider kann Ihnen keine Arbeitstechnik eine generelle Antwort auf die drängendste Frage geben: *Was ist in diesem Moment wichtiger*? Trotzdem gibt es einige Strategien und Techniken, die Ihnen die Entscheidung erleichtern können.

## WER SETZT IHRE PRIORITÄTEN?

In der Regel stehen Sie mit der Frage nach der Priorität nicht allein da! Diese Entscheidung muss nicht Ihre Entscheidung bleiben.

Erfragen Sie gezielt Prioritäten!

Fragen Sie nach, welche Aufgabe *zuerst* fertig werden soll. Fragen Sie grundsätzlich, *bis wann* das *spätestens* erledigt sein muss. Lassen Sie im Zweifelsfalle Ihre Entscheidung „absegnen", bevor Sie beginnen.

## PRIORITÄTEN KLÄREN

Delegieren Sie die Entscheidung an die Beteiligten zurück!

Übernehmen Sie nicht jederzeit bereitwillig die Verantwortung für Prioritäten! Sobald Sie sich unsicher sind, welcher Aufgabe der Vorzug zu geben ist, sollten Sie die Entscheidung darüber nicht allein treffen. Lassen Sie zum Beispiel zwei Mitarbeiter, die gleichzeitig etwas erledigt haben möchten, die „Sache" unter sich ausmachen. Bevor Sie für Ihren Vorgesetzten eine neue „dringende" Aufgabe annehmen, teilen Sie ihm mit, was dafür liegen bleiben wird.
Falls Sie oft nachfragen oder rückdelegieren müssen: Klären Sie in einem Grundsatzgespräch Regeln für die Priorisierung Ihrer Aufgaben. Bei einem solchen Gespräch sollte grundsätzlich entschieden werden, welche Aufgabenarten vor welchen anderen *Vorrang* haben, wer *zuständig* ist, wer *entscheidet* …
Hilfreich ist – wie eigentlich grundsätzlich im Sekretariat – eine *regelmäßige Besprechung* mit den Betroffenen. Dort können Prioritäten für die nächste Woche abgesprochen werden. Außerdem: Je mehr Informationen Sie über die größeren Zusammenhänge haben, desto leichter wird es Ihnen fallen, Prioritäten auch selbstständig zu setzen.
Darüber hinaus gibt es einige Techniken, die Ihnen bei der Strukturierung nach Priorität helfen können:

## WIE SETZEN SIE PRIORITÄTEN?

*Als sie endgültig vergessen hatten, was sie wollten, verdoppelten sie ihre Anstrengungen.*
Marc Twain, 1835–1910

Marc Twain bringt auf den Punkt, was zwischendurch allzu leicht passiert: Während Sie sich immer mehr beeilen, vergessen Sie, was wichtig ist. Dadurch werden Ihre Bemühungen ziellos; Ihre Anstrengungen gehen im schlimmsten Fall in die falsche Richtung.

> Prioritäten setzen heißt, das Wichtige dem Unwichtigen vorzuziehen!

Das klingt leichter, als es tatsächlich ist. Wichtigkeit ist ein sehr schwer fassbarer Begriff. Was bestimmt die Wichtigkeit einer Aufgabe? Ist es entscheidend, *wer* Sie beauftragt hat? Ist das wichtig, was direkt zum *Unternehmenserfolg* beiträgt? Ist am bedeutendsten, was nach außen *sichtbar* ist? Ist am wichtigsten, was für Sie mit persönlichen *Konsequenzen* verbunden ist?
Wahrscheinlich ist es alles! Alle diese Kriterien spielen eine Rolle und sollten in Ihre Entscheidung mit einfließen. Hilfreich ist in jedem Fall, die Wichtigkeit von zwei anderen Faktoren streng zu trennen: von der *Dringlichkeit* und vom *Aufwand*.

> Prioritäten setzen heißt, *nach* der Wichtigkeit die *Dringlichkeit* zu berücksichtigen!

Dringlichkeit ist nicht gleich Wichtigkeit! *Was erledigen Sie zuerst? Das Wichtige oder das Dringliche?* Sofern eine

**PRIORITÄTENKRITERIEN**

wichtige Aufgaben *gleichzeitig* dringend ist, ist die Entscheidung einfach: oberste Priorität. Aber was geschieht mit Aufgaben, die zwar wichtig, aber nicht allzu dringend sind? Wird die Arbeit so lange aufgeschoben, bis sie schließlich dringend ist? Erledigen Sie dringende unwichtige Dinge eher als nicht so dringende wichtige? (Finden Sie zum Beispiel noch tausend Kleinigkeiten zu tun, um nur nicht mit dem Monatsbericht anfangen zu müssen?)
Damit verschenken Sie die Gelegenheit, zu planen und aktiv zu entscheiden! *Erledigen Sie wichtige Aufgaben rechtzeitig.* Dabei hilft zum einen das Teilen der Aufgabe in übersichtliche und handhabbare Aufgabenpakete (siehe Abschnitt „Aufgaben effektiv teilen!, ab Seite 57) und zum anderen das rechtzeitige Einplanen von Aufgaben für bestimmte Zeiten (siehe Kapitel 3, Abschnitt „Langfristige Planung: Wie planen sie im Voraus?“, ab Seite 92).

Auf jeden Fall hilft wie immer Selbstdisziplin (siehe Kapitel 5, Abschnitt „Motivation“, Seite 138)!

Prioritäten setzen heißt, Aufgaben nach Aufwand zu terminieren!

Womit fangen Sie eher an: Mit einer wichtigen Aufgabe oder mit einer eher unwichtigen Routineaufgabe? Jetzt höre ich Sie sagen: „Kommt drauf an, wie dringend die Aufgaben sind.“ Das stimmt natürlich, trotzdem: Kommt es nicht noch auf mehr an als *nur* auf Wichtigkeit und Dringlichkeit?
Ein Beispiel: Es ist 09.45 Uhr. Um 10.00 Uhr beginnt eine Besprechung, bei der Sie Protokoll führen sollen. Zwei Aufgaben liegen zurzeit auf dem Tisch. Die eine ist sehr wichtig, muss bis morgen fertig sein und dauert ungefähr 60 Minuten. Die andere Aufgabe ist eher unwichtig, eine Routinetätigkeit, muss aber auch noch heute erledigt werden und dauert zirka 5 Minuten. *Welche Aufgabe ziehen Sie vor?*
Wahrscheinlich wählen Sie instinktiv das Richtige: die kurze Aufgabe. Welchen Sinn hätte es auch, jetzt mit der anderen Aufgabe anzufangen, um sie wenig später wieder weglegen zu müssen? Außerdem ist es viel motivierender, eine weitere Aufgabe abgeschlossen als eine andere angefangen zu haben.

Diese Art, Prioritäten zu setzen, machen Sie sich vielleicht nicht immer bewusst und dadurch vergeben Sie oft die Gelegenheit zu einer (noch) strukturierteren Entscheidung. Mehr dazu, wann Sie am besten welche Aufgaben erledigen, später im Kapitel 3, Abschnitt „Tagesplanung: Wie planen Sie aktuell und realistisch?“, ab Seite 83.

## ORGANISIEREN NACH PRIORITÄT

Wie setzen Sie Ihre Prioritäten gezielt um? Wie behalten Sie immer die Übersicht – nicht nur über Ihre Aufgaben insgesamt, sondern auch über deren Priorität? Ihre Prioritäten sollten Teil Ihrer To-do-Listen und Ihres Dokumentenmanagements sein.
Dafür sind auf jeden Fall Farben hilfreich: Stecken Sie zum Beispiel alles, was besonders wichtig ist, in eine rote Prospekthülle, schreiben Sie es auf einen roten Haftnotizzettel oder markieren Sie es mit rotem Textmarker. Alles, was Sie „zwischendurch mal eben schnell“ erledigen könnten, erhält die Farbe grün; alles, wovon Sie „jeden Tag ein bisschen was“ erledigen sollten, wird blau gekennzeichnet …
Der Erfahrung nach funktionieren Farben besser als zum Beispiel Buchstaben oder Zahlen. Außerdem brauchen Sie keine zusätzlichen Zettel an Ihre Doku-

mente zu heften – Hüllen oder farbige Haftzettel genügen.

**Alles, was Sie heute noch erledigen müssen, sollte sichtbar bleiben!**

## AUS DEN AUGEN, AUS DEM SINN

Das gilt nicht nur für dringende Aufgaben, sondern auch für langfristig wichtige, an denen Sie jeden Tag etwas weiterarbeiten möchten. Aus den Augen, aus dem Sinn! – Diese Grundregel sollten Sie beherzigen. Das heißt für Sie: Legen Sie alles in Sichtweite, was heute erledigt werden soll.

**Entfernen Sie alles aus Ihrer Sichtweite, das Sie genauso gut morgen erledigen können.**

Auch das ist wichtig: Damit Sie nicht die Übersicht verlieren, beschränken Sie Ihre sichtbare Ablage auf die Dinge, die wirklich aktuell notwendig sind (siehe auch Kapitel 2, Abschnitt „Professionelles Schreibtischmanagement: Wo liegt's?", ab Seite 43). Sollten Sie darüber hinaus noch Zeit haben, können Sie immer noch auf die Aufgaben zurückgreifen, die nicht ganz so dringend oder wichtig sind. Aber eben erst dann! Berge von unerledigten Dokumenten oder endlose Listen unerledigter Aufgaben im Sichtfeld sind nicht nur verwirrend, sondern erzeugen auch ein permanent schlechtes Gewissen im Hinterkopf.
Die einfachste Art und Weise, Aufgaben für eine bestimmte Zeit aus dem Blickfeld zu entfernen, ist die Wiedervorlagemappe oder das Wiedervorlageregister (siehe auch Kapitel 3, Abschnitt „Fristen und Wiedervorlagen: Wie sorgen Sie für Pünktlichkeit", Seite 101). Dort können Sie auch Aufgaben, die voraussichtlich an einem anderen Tag höchste Priorität haben werden, bereits mit einer roten Prospekthülle oder einem roten Lesezeichen ausstatten.
Die *kleinen unwichtigen Dinge, die Sie erledigen wollen, wenn Sie zu viel Zeit haben*, können Sie gut in einem Körbchen oder einer Mappe sammeln, denn hier macht es keinen Unterschied, wenn Sie aus Zeitmangel die Mappe erst gar nicht aufschlagen oder irgendwann nicht mehr wissen, was alles in dem Körbchen liegt.

Bewährt hat sich auch ein gesonderter Speicher für *heute mal eben zwischendurch*. Dort können Sie Aufgaben ablegen, die mit besonders wenig Aufwand verbunden sind, aber an diesem Tag noch erledigt werden müssen. Natürlich ist dieses Körbchen dann am Ende des Tages immer leer – und kann am nächsten Tag neu gefüllt werden.

*Gleichartige Aufgaben* wie Telefonate, E-Mails und Ähnliches sollten zudem gebündelt werden, um Zeit zu sparen. Mehr dazu im Abschnitt „Aufgaben effizient zusammenfassen", ab Seite 59. *Routinetätigkeiten* dagegen sollten einen festen Platz im Tagesablauf finden – siehe Kapitel 3, Abschnitt „Routine: Wie gestalten Sie Ihren Alltag?", ab Seite 90.

## PRIORITÄTEN SETZEN

*Grundregeln*

- Sobald Prioritäten unklar sind oder sich widersprechen, frage ich nach.
- Bei widersprüchlichen Prioritäten von unterschiedlichen Mitarbeitern überlasse ich die Entscheidung den Betroffenen.
- Ich berücksichtige beim Setzen von Prioritäten die Wichtigkeit vor der Dringlichkeit und vor dem Arbeitsaufwand.
- Wichtige Aufgaben, die nicht dringend sind, plane ich langfristig, sodass sie erledigt sind, bevor sie dringend werden.
- Aufwändige Aufgaben teile ich in übersichtliche Arbeitspakete oder reserviere dafür störungsarme Zeiten.
- Ich sehe auf einen Blick, welche Aufgaben noch anliegen und was sie für eine Priorität haben.

## AUFGABEN EFFEKTIV TEILEN

Haben Sie schon einmal versucht, ein Telefonbuch zu zerreißen? Das scheint zunächst eine schwierige, eine fast unlösbare Aufgabe zu sein! Erst wenn Sie Ihre Strategie ändern, wird es ganz leicht: Das Buch in kleinere Blattstapel zu trennen und diese dann zu zerreißen ist einfach.

Das Gleiche gilt für die meisten großen oder komplexen Aufgaben: Erst wenn Sie sie in kleine Aufgaben unterteilen, sodass jede einzelne Aufgabe nicht nur *überschaubar*, sondern auch *lösbar* ist, können Sie schließlich mit der Bearbeitung beginnen.

## AUFGABEN TEILEN

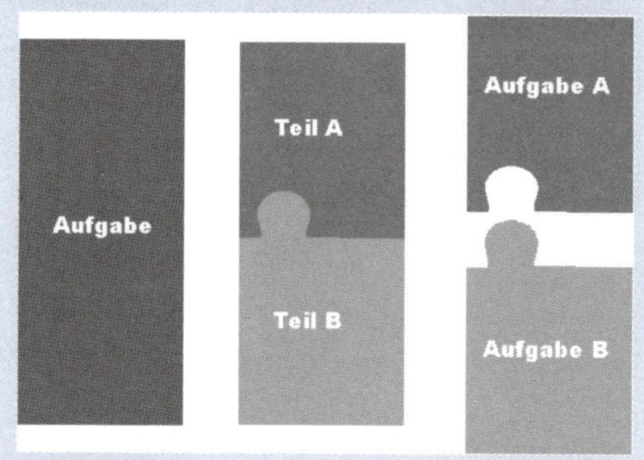


**Teilen Sie unübersichtliche oder komplexe Aufgaben in überschaubare Teilaufgaben!**

Überschaubare Aufgaben sind *leichter zu bearbeiten*! Sie behalten die Übersicht und Orientierung, können Ihre Arbeitsweise genauer auf die Aufgabe ausrichten und gewinnen so mehr Kontrolle. Es fällt leichter, mit Teilaufgaben zu beginnen. Sie können besser planen, haben nicht das Gefühl, vor einem unüberwindlichen „Berg" von Arbeit zu stehen, können ein Ende der Aufgabe absehen, können immer wieder eine Teilaufgabe zwischendurch erledigen. Überschaubare Teilaufgaben *motivieren*! Es motiviert, immer wieder zwischendurch *Bilanz* ziehen zu können: Das habe ich schon geschafft! Das habe ich schon erledigt! (Mehr zur langfristigen Planung mithilfe von Teilaufgaben im Kapitel 3, Abschnitt „Langfristige Planung: Wie planen Sie im Voraus?", ab Seite 92.)

**Teilen Sie unangenehme oder langfristige Aufgaben in terminierte Teilaufgaben.**

Oft sind es die unangenehmen und (vielleicht auch gleichzeitig) nicht so dringenden Dinge, die liegen bleiben, bis es (fast) zu spät ist. Das Einplanen von Teilaufgaben für bestimmte Zeiten steigert die Selbstdisziplin und Kontrolle: Nehmen Sie sich zum Beispiel für diese Woche *einen* Teil vor und „schleppen" Sie ihn dann von Wochenbeginn an in Ihrer Wiedervorlage mit. Wenn die Teilaufgabe am Abend noch nicht erledigt ist, legen Sie sie auf den nächsten Tag. Oder reservieren Sie jeden Tag eine halbe Stunde, in der Sie ausschließlich an langfristigen Aufgaben arbeiten (aber eben nicht abschließend, sondern immer Schritt für Schritt!) – mehr zur Tagesplanung im Kapitel 3, Abschnitt „Routine: Wie gestalten Sie Ihren Alltag?", ab Seite 90.

- Welche Aufgaben bleiben bei Ihnen liegen, weil sie zu *umfangreich* sind?
- Welche Aufgaben bleiben bei Ihnen liegen, weil sie (noch) *nicht dringend* sind?
- Welche Aufgaben bleiben bei Ihnen liegen, weil sie *unangenehm* sind?

*Das Hinausschieben ist der größte Verlust fürs Leben; es verzettelt immer den nächsten Tag, es entreißt die Gegenwart, indem es auf die Zukunft verweist. Das größte Hindernis des Lebens ist die Erwartung, die vom Morgen abhängt … Während man es aufschiebt, geht das Leben vorüber.*

Seneca, 4 v. Chr. – 65 n. Chr.

## AUFGABEN EFFIZIENT ZUSAMMENFASSEN

Was halten Sie von der Strategie im folgenden Beispiel, die Wohnung zu putzen? Was denken Sie: Fühle ich mich nach dieser Aktion besser als vorher? Ist die Wohnung sauberer oder aufgeräumter? Wahrscheinlich fühle ich mich danach eher *schlechter* als vorher: Ich habe jetzt

### BEISPIEL

Ich stehe gerade in der Küche und beschließe, mal richtig aufzuräumen und sauber zu machen. Also fange ich gleich hier an: Ich beginne die Spülmaschine einzuräumen. Als ich dabei einen verschmutzten Aschenbecher in die Hand bekomme, räume ich ihn nicht in die Maschine, sondern entscheide, ihn per Hand zu spülen. Dafür lasse ich Wasser ins Spülbecken laufen … Allerdings: Wenn ich jetzt als Erstes den Aschenbecher darin spüle, dann ist das Wasser unbrauchbar für alles andere, also gehe ich erst noch durch die Wohnung auf der Suche nach weiteren Dingen, die per Hand gespült werden müssten … Im Wohnzimmer finde ich eine Obstschale, die auch nicht in die Spülmaschine darf – allerdings ist noch ein Apfel drin. Na gut, dann esse ich den eben erst auf, bevor ich die Schale spüle. Ich gehe mit dem Apfel zurück in die Küche und hole mir ein Schälmesser an den Tisch … Dabei fällt mir auf, dass die Tür meines Küchenschranks mal wieder abgewischt werden könnte. Ich lasse Apfel und Messer liegen und benutze das Spülwasser für den Küchenschrank … Das geht nicht wirklich gut: Ich brauche wohl einen stärkeren Reiniger? Vielleicht hat meine Nachbarin etwas Geeignetes im Haus? Ich gehe rüber zur Nachbarin, erzähle von meinen Bemühungen und erhalte von ihr einen neuen „Putzt alles ohne irgendwelchen Aufwand"-Reiniger. Den probiere ich auch gleich an meiner größten Problemzone aus: den Lichtschaltern … Tatsächlich löst nicht einmal dieses Wundermittel den Farbfleck vom Lichtschalter im Arbeitszimmer. Das deprimiert mich zunächst, aber zum Trost sauge ich hier kurz den Teppich … Da fällt mir ein, dass ich vielleicht vorher Staub wischen sollte, sonst muss ich ja danach noch einmal saugen ... Beim Staubwischen finde ich noch einige Dinge, die gespült werden müssten, was mich zurück zur Spülmaschine führt, die ich erst mal weiter einräume ...

erst gemerkt, was alles noch erledigt werden *muss*, ohne jedoch irgendetwas davon erledigt zu *haben*. Die Wohnung ist eher noch unaufgeräumter (Wasser steht im Spülbecken, Apfel und Messer liegen herum, wahrscheinlich ebenso der Staubsauger und die Reinigungsmittel, außerdem steht die Spülmaschine offen).

Oft ist es viel effektiver, gleichartige Aufgaben zunächst zu sammeln, statt sie sofort zu erledigen, wenn sie Ihnen gerade in den Sinn kommen. Das gilt nicht nur für den Hausputz, sondern natürlich erst recht fürs Büro. Selbstverständlich gibt es immer auch Aufgaben, die Sie sofort erledigen müssen – weil Sie sonst nicht weiterkommen oder jemand anders sonst nicht weiterarbeiten kann; weil die Aufgaben dringend sind; weil es länger dauern würde, die Aufgabe aufzuschreiben, als sie zu erledigen ... Trotzdem macht das Bündeln von Aufgaben oft Sinn:

Ein Beispiel für das Sammeln kleiner Aufgaben ist die Ablage vor der Ablage (siehe Seite 47): Während bestimmte Dokumente auf jeden Fall sofort abgelegt werden sollten, können andere erst einmal gesammelt und in einer ruhigen Minute gebündelt abgelegt werden (besonders dann, wenn die Unterlagen in einem anderen Büro lagern).

Bei vielen „Kleinigkeiten“, die „mal eben“ erledigt werden sollen, lohnt es sich, erst einmal zu überlegen, ob sie nicht später zusammen mit etwas anderem mehr Sinn und weniger Arbeit machen – denn gerade die Kleinigkeiten summieren sich im Laufe des Tages und werden dann zu Zeitfressern.

## AUFGABEN ZUSAMMENFASSEN

## CHECK: AUFGABEN ZUSAMMENFASSEN

| *Aufgabe* | *Tipp* | *Vorteile* |
|---|---|---|
| *Kurz telefonieren* | Schreiben Sie kurze Telefonate zunächst in eine Telefonliste. | So können Sie Telefonate dann erledigen, wenn Sie sicher sind, jemanden zu erreichen. Sie werden nicht aus Ihren anderen Aufgaben „herausgerissen" und können in der Liste abhaken, wen Sie schon erreicht haben und wer noch fehlt. |
| *Fragen stellen* | Sammeln Sie Fragen pro Person und/oder Thema. | Diese Sammlung spart zunächst einmal auf jeden Fall die Zeit des anderen! Darüber hinaus ist es im Allgemeinen einfacher, mehrere Fragen hintereinander zu stellen, als jedesmal, wenn eine Frage auftaucht, den Betreffenden anzurufen oder aufzusuchen. Sie sparen sich Wege, Wartezeiten und wahrscheinlich auch viel Smalltalk zur Einleitung. Oft erledigen sich Fragen auch von selbst, wenn man sie etwas „lagert"! |
| *E-Mails bearbeiten* | Bearbeiten Sie den Posteingang Ihres Mail-Programms zu festen Zeiten – genauso wie Ihren „normalen" Posteingang (zum Beispiel dreimal täglich). Sortieren Sie E-Mails in Ordnern oder lassen Sie sie nach Absendern anzeigen. | Immer wieder zwischendurch E-Mails zu lesen stört den Arbeitsablauf. Viel effektiver ist es, mehrere Mails gleichzeitig zu bearbeiten. Dann können Sie nach Absender sortieren und vielleicht bereits feststellen, ob jemand mehrmals gemailt hat; Sie können ähnliche Mails in einem Ordner zusammenfassen (zum Beispiel Mails zu einem bestimmten Thema). Es geht wesentlich schneller, mehrere Mails gleichzeitig zu markieren und zu löschen, weiterzuleiten oder zu verschieben, als das Gleiche immer wieder einzeln zu tun. Wenn Sie sich erst einmal „eingelesen" ha- |

| | | |
|---|---|---|
| | | ben, geht auch das Überfliegen der einzelnen Nachrichten schneller. Außerdem ist das Bearbeiten des Posteingangs ein guter „Lückenfüller" für Zeiten mit vielen Unterbrechungen. |
| *Bestellen* | Sammeln Sie Bestellungen in Formularen, Listen oder als Mindmap. Stellen Sie auf jeden Fall Listen mit „bestellbarem" Material zur Verfügung (das erspart Fragen!). | So müssen Sie jeweils nur einmal beim Hersteller anrufen oder das Bestellformular ausfüllen. Besonders gut eignen sich Bestellformulare in Form von Checklisten, die andere ausfüllen und die bei Ihnen nur gesammelt werden. Eine Mindmap können Sie auch an einer Tafel allen zugänglich machen, sodass jeder selbst schreibt. So werden Sie weniger häufig unterbrochen. |
| *Internet-Recherche* | Sammeln Sie (am besten gleich im Computer), wonach Sie im Internet suchen möchten oder sollen. | Das Suchen im Internet ist eine Aufgabe, die Sie gut als Pausenfüller nutzen können. Vertagen Sie das Suchen zum Beispiel auf Zeiten, an denen Sie sich nicht so gut konzentrieren können. Außerdem können Sie vielleicht jemanden, der sich gut im Netz auskennt, fragen, wo Sie zu diesen Themen das meiste finden! |
| *Was lässt sich bei Ihnen noch sinnvoll sammeln?* | | |
| | | |
| | | |

**Konzentrationstechniken: Was tun, wenn alles gleichzeitig kommt?**

Ihre Konzentrationsfähigkeit hängt von vielen Faktoren ab. Einige davon können Sie beeinflussen, andere nicht:

- Ihre *Tagesform*: Sind Sie wach, motiviert, aktiv? (Mehr dazu im Kapitel 3, Abschnitt „Routine: Wie gestalten Sie Ihren Alltag", Seite 90.)
- Ihr *Alter*: Mit zunehmendem Alter sind wir immer weniger in der Lage, uns auf mehrere Dinge gleichzeitig zu konzentrieren. Während Kinder noch ohne Probleme beim Fernsehen gleichzeitig ihre Hausaufgaben erledigen, fällt das Gleiche später immer schwerer. Allerdings können Sie mit Training (siehe Kapitel 4, Abschnitt „Störungsmanagement: Können Sie sich nicht konzentrieren?", Seite 121) und mit den richtigen Strategien vieles ausgleichen. Denn: Mit den Jahren vermehrt sich das Wissen um die richtigen Methoden und Sie beherrschen geeignete Arbeitstechniken immer besser!
- Art und Häufigkeit von *Unterbrechungen*: Können Sie ungestört arbeiten, Aufgaben abschließen, sich auf nur eine Aufgabe konzentrieren?
- *Stressbewältigung*: Sind Sie ruhig und gelassen, verfallen nicht in Hektik und Aufregung? (Mehr dazu im Kapitel 3, Abschnitt „Arbeiten unter Zeitdruck: Wie bleiben Sie ruhig und souverän?", Seite 104.)
- *Arbeitsumgebung* und -atmosphäre: Gibt es keine störenden Geräusche, Gespräche, Bewegungen im Hintergrund? (Mehr dazu auch im Kapitel 4, Abschnitt „Kaffeeklatsch: Nutzen andere Ihr Büro als gemütlichen Treffpunkt?", Seite 129.)
- Gestaltung des *Arbeitsraums*: Ist der Raum angemessen hell, belüftet, temperiert ...? (Siehe Checkliste auf Seite 64.)

Des Weiteren hängt Ihre Konzentration auch noch von einem Faktor ab, den Sie auf jeden Fall beeinflussen können: *Versuchen Sie, mehrere Dinge gleichzeitig zu tun?*

Diese Frage ist völlig unabhängig von der Tatsache, dass oft viele Dinge gleichzeitig von Ihnen *verlangt* werden, dass häufig mehrere Aufgaben gleichzeitig auf dem Tisch liegen, dass mehrere Mitarbeiter gleichzeitig vor Ihnen stehen.

Konzentrieren Sie sich immer nur auf eine Aufgabe!

*Man sollte lernen, sich bei allem, was man tut, zu konzentrieren: Wenn man Musik hört, ein Buch liest, sich mit jemand unterhält oder eine Aussicht be-*

*wundert. Nur das, was wir in diesem Augenblick tun, darf uns interessieren, und wir müssen uns ihm ganz hingeben. Wenn man sich so auf etwas konzentriert, spielt es kaum eine Rolle, was man tut. Dann nehmen alle Dinge, die wichtigen wie die unwichtigen, eine neue Dimension in der Wirklichkeit an, weil wir ihnen unsere volle Aufmerksamkeit schenken.*

Erich Fromm, 1900–1980

Mit anderen Worten: Setzen Sie Prioritäten und Sie haben mehr vom Leben! Wenn Sie versuchen, zwei Dinge (auf die Sie sich konzentrieren müssen) gleichzeitig zu tun, dauert das in der Regel insgesamt länger und macht weniger Spaß, als hätten Sie sie nacheinander erledigt: Versuchen Sie, gleichzeitig 315 mal 7 zu nehmen und einen Brief zu schreiben!

Haben Sie es versucht? Wahrscheinlich nicht: Sie haben sofort beschlossen,

## CHECK: ARBEITSUMGEBUNG

| ✔ | | |
|---|---|---|
| | *Bewegungsfreiheit* | Ich stoße nirgendwo an, kann den Stuhl auch nach hinten bewegen, habe genug Beinfreiheit unter dem Tisch. |
| | *Licht* | Das Licht ist hell genug, aber nicht grell; die Beleuchtung ist schattenfrei, die Oberflächen spiegeln nicht. |
| | *Temperatur* | Es ist weder so warm, dass ich schwitze, noch so kalt, dass ich friere. Es gibt keine starken Temperaturschwankungen. |
| | *Luft* | Die Raumluft ist weder zu feucht noch zu trocken. Ich bekomme genügend Frischluft. |
| | *Lärm* | Es gibt keine dauerhaften Lärmquellen. Die Geräte arbeiten mit einer angemessenen Lautstärke. Es ist nicht zu still. |
| | *Sicht* | Ich kann alles sehen, was der Übersicht dient. Ich schaue nicht auf etwas, das mich nur ablenkt. |
| | *Ausgleich* | Ich kann mich zwischendurch bewegen, kann aufstehen. Es gibt ausgleichende Raumelemente wie Grünpflanzen und Bilder. |

dass das keinen Sinn macht. Im Alltag aber geraten Sie vielleicht doch in die „Alles auf einmal"-Falle: Sie versuchen, mehrere Gespräche gleichzeitig zu führen, gleichzeitig Ihre E-Mails zu bearbeiten und zu telefonieren ...

Zeit managen heißt, die eine Aufgabe abzuschließen, bevor die andere angefangen wird.

Schließen Sie Ihre aktuelle Tätigkeit bewusst ab, bevor Sie eine andere Tätigkeit beginnen: Legen Sie das Dokument ab; notieren Sie sich kurz, wie weit Sie gekommen sind; markieren Sie die Stelle, bis zu der Sie gelesen haben; fassen Sie kurz die Ergebnisse zusammen ... Auf diese Weise können Sie später leichter wieder damit beginnen und haben außerdem die Aufgabe bis dahin „aus dem Kopf".

Zeit zu managen heißt, sich bewusst für oder gegen Tätigkeiten zu entscheiden.

Bevor Sie die eine Aufgabe für die andere unterbrechen oder sich entscheiden, was Sie zuerst tun: Wägen Sie bewusst die Prioritäten ab; fragen Sie nach, welche Aufgabe die wichtigere oder dringendere ist; wägen Sie ab, ob es sich nicht lohnt, die vorherige Aufgabe schnell zu Ende zu bearbeiten; machen Sie gegenüber anderen deutlich, dass Sie vorhaben, eins nach dem anderen zu tun ... Auf diese Weise behalten Sie die Übersicht und vor allem die Kontrolle über Ihre Tätigkeiten, Sie können Ihre Arbeitsweise vor sich und vor anderen besser rechtfertigen und vertreten.

## EINS NACH DEM ANDEREN

Um Zeit zu sparen, können Sie allerdings manche Aufgaben trotzdem bewusst gleichzeitig erledigen:

Erledigen Sie nebenbei Dinge, auf die Sie sich nicht konzentrieren müssen!

Zum Beispiel können Sie durchaus gleichzeitig Dokumente lochen und sich mit einer Kollegin am Telefon unterhalten (sofern das Geräusch nicht stört!) oder Sie gießen gleichzeitig die Blumen und denken darüber nach, was Sie in der Abteilungsbesprechung sagen werden ...

Warum funktioniert das so gut? Denken Sie an einen Fahrschüler: Vielleicht erinnern Sie sich, wie schwierig es am Anfang war, gleichzeitig zu schalten, zu lenken, das Kupplungspedal zu treten und auch noch eine Frage des Fahrlehrers zu beantworten? Mit steigender Fahrpraxis verschwindet dieses Problem. Die einzelnen Tätigkeiten sind dann *automatisiert*, sie benötigen keine Konzentration mehr.

- Welche Tätigkeiten im Büroalltag haben Sie automatisiert? Was benötigt keine Konzentration mehr?
- Bei welchen Gelegenheiten könnten Sie diese Tätigkeiten „nebenbei" erledigen?

### Wie sagen Sie Nein?

Ist das wirklich eine Frage? Sie schauen hoch, runzeln kurz die Stirn und sagen deutlich und bestimmt: „Nein!"
Warum fällt das so schwer? Was hindert Sie daran, zu etwas, das Sie nicht tun sollten, Nein zu sagen?
Es gibt Situationen, da fällt es leicht. Meistens jedoch ist ein Nein unangenehm und oft mit Zeit raubenden Diskussionen verbunden. Trotzdem sollten Sie Nein sagen können:

- Ein Nein zeigt den anderen, dass Sie *wissen, was Sie tun* (und nicht tun).
- Ein Nein ist ein Zeichen dafür, dass Sie *bewusst* über Ihre Zeit und Aufgaben *entscheiden*.
- Ein Nein zeigt, dass Sie für Ihre Arbeit und Arbeitszeit *Verantwortung übernehmen*.
- Ein rechtzeitiges Nein erspart viele „Könnten wir nicht lieber" in Zukunft.

Sagen Sie tatsächlich Nein, wenn Sie Nein sagen sollten!

Oft ist es allerdings leichter und effektiver, das „Nein" etwas diplomatischer zu formulieren. Wenn Sie die folgenden Tipps beachten, werden Sie oft Nein sagen, ohne dieses unangenehme Wort jemals aussprechen zu müssen. Denn das Wort „Nein" erzeugt beim anderen oft automatisch den Gedanken „Doch!". Dadurch entstehen Diskussionen oder einfach ein unangenehmes Arbeitsklima. Versuchen Sie es einmal so:

- Statt zu sagen, was Sie nicht tun, sagen Sie dem anderen, was Sie *stattdessen tun*.
- Statt zu sagen, bis wann Sie das nicht schaffen, sagen Sie dem anderen, *bis wann es fertig werden wird*.
- Statt zu sagen, dass das nicht wichtig ist, sagen Sie dem anderen, was

im Moment *wichtiger* ist und dafür liegen bleiben würde.

- Statt zu sagen, dass Sie dafür nicht zuständig sind, sagen Sie dem anderen, wer dafür stattdessen *zuständig* ist.

Sagen Sie nicht, was nicht geht, sondern sagen Sie, was stattdessen geht! Vermeiden Sie die Wörter „nicht" und „nein"!

Außerdem überprüfen Sie Ihre Formulierungen am besten noch einmal darauf, ob Sie nach persönlichen oder sachlichen Ursachen klingen. Zum Beispiel klingt „Ich kann nicht!" sehr danach, dass es an Ihnen persönlich liegt!

Formulieren Sie sachlich statt persönlich.

Schließlich ist es nicht Ihre Schuld, Ihr Fehler oder Ihre Unzulänglichkeit, die dazu führt, dass Sie Nein sagen:

- Sagen Sie nicht: „Ich schaffe das nicht!", sondern: „Das wird frühestens morgen fertig! Reicht Ihnen das oder stimmen Sie sich noch einmal mit Herrn Meier ab, ob seine Präsentation bis morgen früh warten kann?"
- Sagen Sie nicht: „Das mache ich nicht!", sondern: „Das passt nicht in mein Arbeitsgebiet. Wer arbeitet denn sonst an ähnlichen Themen? Wenn das immer hier bearbeitet wird, fehlen anderen vielleicht die Informationen."
- Sagen Sie nicht: „Ich habe jetzt schon so viel zu tun!", sondern: „Im Moment liegen hier noch der Monatsbericht

**NEIN SAGEN**

und eine Präsentation für Herrn Meier. Alles in allem dauert das mindestens den Rest des Tages und morgen sieht es auch nicht viel besser aus."

- Sagen Sie nicht: „Warum muss ich das machen?", sondern: „Was hat das im Sekretariat zu suchen?"

Am letzten Beispiel sehen Sie, dass es durchaus unterschiedliche Stufen von „Nein" gibt: Hier ist das Nein schon sehr deutlich. Im Extremfall müssen Sie irgendwann auch einmal ganz klar und wörtlich „Nein!" sagen.
Oft helfen vorher Fragen weiter. Mit Fragen sichern und klären Sie Ihre Position, bevor Sie sich zu einer angemessenen Formulierung entschließen. Falls Sie Fragen stellen: Achten Sie auch hier auf die Formulierung!

- Fragen Sie nicht: „Warum?", sondern: „Wozu?"
- Fragen Sie nicht: „Muss das unbedingt ...?", sondern: „Welche Möglichkeiten gibt es sonst noch?"
- Fragen Sie nicht: „Ist das dringend?", sondern: „Reicht das auch noch morgen Mittag?"
- Fragen Sie nicht: „Ist das wichtig?", sondern: „Was hat Priorität, das oder das?"

## ARBEITEN SIE AN IHREN PERSÖNLICHEN „NEIN"-FORMULIERUNGEN!

Schreiben Sie hier Ihre typischen Nein-Formulierungen auf und formulieren Sie diese dann um:

## ÜBUNG

| *Bisherige Formulierungen* | *Verbesserungsideen* |
|---|---|
| | |
| | |
| | |
| | |
| | |
| | |
| | |

| | |
|---|---|
| | |
| | |
| | |
| | |
| | |

*Lass jedes Wort, bevor du es ausspricht, drei Pforten passieren. An der ersten wird es gefragt: Ist es wahr? An der zweiten: Ist es nötig? Und an der dritten: Ist es nett?*

aus dem Islam

## Managen Sie die Aufgaben anderer

### Übersichtliche Notizen: Wie notieren Sie für andere?

Im Kapitel 2, Abschnitt „Strukturierte Notizen: Wo stand das doch gleich?“ (ab Seite 25) ging es bereits darum, lose Zettel abzuschaffen und durch geeignetere Hilfsmittel zu ersetzen. Aber was geschieht, wenn Sie nicht für sich, sondern für jemand anderen notieren? Auch der andere hat natürlich seine *eigene Organisation*, die – falls sie gut ist – keine losen Zettel enthält.

- Wie ist Ihre Führungskraft, wie sind Ihre Kollegen und Kolleginnen organisiert?
- Welche Tipps und Hilfen können Sie ihnen anbieten, damit alle ihre Notizen (noch) besser im Griff haben?

Falls Sie wenig oder gar nichts über die Organisation der anderen wissen: Fragen Sie!

Unterstützen Sie andere bei ihrer Organisation!
Passen Sie Ihre eigene Arbeitsweise jeweils an die Organisation der anderen an!

Das heißt zum Beispiel: Falls Ihr Gegenüber eine Kladde benutzt, ist die beste Art, kurze Notizen weiterzugeben, eine Haftnotiz. Der Zettel kann dann mit in die Kladde eingeklebt und so an der gleichen Stelle gespeichert werden wie die anderen Informationen. Viel-

leicht besteht auch die Möglichkeit, die Notiz direkt in die Kladde des anderen zu schreiben (zum Beispiel bei Abwesenheit oder während einer Besprechung).
Falls andere generell in Aktenordnern abheften, ist es sinnvoll, *vorgelochte DIN-A4-Blätter* weiterzugeben, die direkt in die betreffende Akte geheftet werden können. (Kleinere Formate gehen der Erfahrung nach leichter verloren als große Zettel!)
Das Gleiche gilt für Telefon- oder Besprechungsnotizen: Sie sollten groß genug und gelocht sein, um zugeordnet werden zu können. Bei Telefon- oder Besprechungsnotizen eignen sich außerdem vorgedruckte *Formulare*, in denen bestimmte Informationen nur noch angekreuzt werden müssen (zum Beispiel „Rückruf erbeten" oder „erledigt").

**NOTIZEN FÜR ANDERE**

Auf jeden Fall brauchen die *losen Zettel* einen Platz! Falls die Notiz nicht ohnehin zu einem bestimmten Vorgang im Ordner gehört: Legen Sie ein Ringbuch an, in dem diese Zettel abgeheftet werden. Am besten unterteilen Sie dieses noch einmal in verschiedene Kategorien: „To do", „Info", „Neu", „Archiv" ... Oft werden Notizen auch in der Postmappe weitergegeben. Dann besteht allerdings die Gefahr, dass ein loser Zettel verloren geht. Wenn es bisher gut funktioniert, ändern Sie nichts. Wenn es jedoch nicht funktioniert, machen Sie etwas ander(e)s!
Eine gute Alternative zur „Zettelwirtschaft" bietet der *Computer*: Notizen können direkt mit dem PC erfasst und per Mail oder gemeinsamen Laufwerk an andere weitergegeben werden. Diese Variante spart nicht nur Papier, sondern lässt auch die Möglichkeit offen, Textbestandteile direkt in andere Programme oder Dokumente hinein zu kopieren. Inzwischen gibt es sogar auf Besprechungsnotizen spezialisierte Software – ein Word-Dokument oder -Formular reicht allerdings auch vollkommen aus.
Erledigte Notizen abzulegen kann eine Sekretariatsaufgabe sein! Besonders dann ist es natürlich in Ihrem Interesse, dass Sie wissen, wo Sie danach suchen müssen – gleichgültig ob es sich nun um elektronische Notizen oder um Zettel handelt.

Sorgen Sie dafür, dass andere ihre Notizen nach den richtigen Kategorien speichern und ablegen!

Dabei helfen nicht nur die richtigen Organisationsmittel (Kladde, Computer, Ringbücher ...), sondern auch Konsequenz bei der „Erziehung" (mehr dazu im Kapitel 5, Abschnitt „Erziehung", Seite 139).

### Organisieren und organisieren lassen: Wie helfen Sie anderen bei der Büro-Organisation?

Geradezu klassisch ist, dass im Sekretariat die Akten verwaltet werden – die Dauerablage. Aufgabe der Sekretärin ist, die Dokumente in eine übersichtliche Struktur zu bringen, für Aktualität und Ordnung der Akten zu sorgen. Allerdings gibt es auch immer Dokumente, Ordner oder Daten, die (zurzeit) nicht im Sekretariat zu finden sind, sondern in anderen Büros liegen – kurzfristig, für längere Zeit oder auch grundsätzlich.

Diese Tatsache entpuppt sich oft als Zeitfresser, nicht nur für den betroffenen Mitarbeiter, sondern auch für die Sekretärin. Kennen Sie das? Zwischendurch wird aus dem Auto angerufen: „Suchen Sie mal die Akte X. Müsste irgendwo auf dem Schreibtisch liegen ... ja, in einem von den höheren Stapeln in der Mitte ... doch, die muss da drin sein ... eher unten ..." Oder im Sekretariat fehlt ein Vorgang aus einem Ordner: Wer hat die Dokumente? Wo? Oder sind Sie vielleicht „nur" falsch zurückgestellt worden?

Die schlechte Organisation der anderen ist nicht das Problem der anderen – es ist Ihr Problem!

Natürlich ist es nicht wirklich Ihre „Schuld", wenn andere Akten verbummeln oder Aufgaben vergessen. Allerdings sind Sie es, die unter den Auswirkungen zu leiden hat. Außerdem sind *Sie* die Spezialistin für Büro-Organisation – im Grunde machen Sie sich der unterlassenen Hilfeleistung schuldig.

*Die Menschen, die es in dieser Welt zu etwas bringen, sind Menschen, die Ausschau halten nach den Umständen, die sie benötigen; und wenn sie diese nicht antreffen, erschaffen Sie sie selbst.*

Bernard Shaw, 1856–1950

Wie können Sie andere bei ihrer Büro-Organisation unterstützen? Versuchen Sie es mit folgenden vier Schritten:

## IN VIER SCHRITTEN ZUR GEMEINSAMEN ORGANISATION

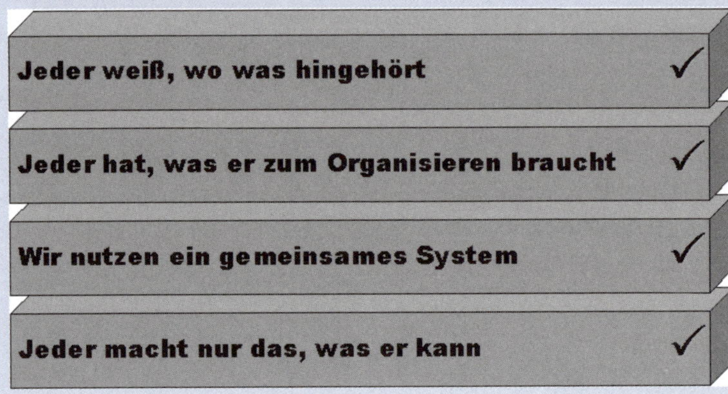


## SORGEN SIE DAFÜR, DASS JEDER WEIß, WO WAS HINGEHÖRT!

- Machen Sie immer wieder freundlich, aber bestimmt deutlich, welches der vorgesehene Ort für die Dokumente ist.
- Arbeiten Sie mit Farben, um die Ablage auch für andere „ersichtlich" zu machen: farbige Ordnerrücken, farbige Trennblätter in den Ordnern.
- Veröffentlichen Sie einen Aktenplan: im Computer, auf der Innenseite des Aktenschranks, auf der Innenseite des Ordners selbst.
- Sorgen Sie dafür, dass Sie sofort erkennen können, wo etwas fehlt: mit Stellvertretern (siehe Abbildung Seite 51) oder indem der Platz leer bleibt.

Die schlechteste Möglichkeit, für Vollständigkeit zu sorgen, sind *Kopien*: Sie erweitern nicht nur den Umfang der Ablage, sondern sorgen auch häufig für Verwirrung, wenn es darum geht, welches Dokument nun das aktuellste, das Original, ist.

> Lassen Sie immer nur eine Version eines Dokuments zu!

Bei der Papierablage werden Stellvertreter als Verweise benutzt (indem Sie nur das Deckblatt des Dokuments kopieren, einheften und mit einer Notiz versehen, wo das Original zu finden ist). Bei der elektronischen Ablage erfüllen die so genannten „Verknüpfungen" den gleichen Zweck. (Klicken Sie einfach im Explorer mit der rechten Maustaste auf das Dokument, wählen Sie „Verknüpfung erstellen" und schieben Sie die Verknüpfung in den anderen Ordner.)

### STELLEN SIE PRAKTISCHE UND EINFACHE HILFSMITTEL ZUR VERFÜGUNG!

Sorgen Sie dafür, dass die anderen die Möglichkeit haben, Aufgaben und Dokumente schnell und einfach zu ordnen: Sorgen Sie für eine Alternative zu Stapeln und losen Zetteln. (Zahlreiche Vorschläge dafür finden Sie im Kapitel 2, Abschnitt „Professionelles Schreibtischmanagement: Wo liegt's?", ab Seite 43.) Besonders geeignet für einen „Einstieg für Organisationsanfänger" sind Körbchen, Mappen oder Desktop-Files. Falls jemand viel unterwegs ist: Es gibt auch Aktentaschen mit Fächern, in die Mappen oder einzelne Dokumente einsortiert werden können!
Geben Sie als Tipps weiter, was Ihnen selbst geholfen hat, mehr Struktur in Ihre Ablage zu bringen. Machen Sie dabei immer den Nutzen deutlich, der mit einer Veränderung der Gewohnheiten verbunden ist.

### ENTWERFEN SIE GEMEINSAM EIN GEMEINSAMES SYSTEM!

Setzen Sie sich mit den Betroffenen zusammen und planen Sie gemeinsam: einen Aktenplan; Regeln für die Wege, die eine Akte zu nehmen hat; einen Weg, Notizen weiterzuleiten; Hilfsmittel, die Sie gemeinsam nutzen ...
Ein gemeinsam entworfenes System wird leichter akzeptiert als etwas, das Sie allein entworfen haben und dann versuchen durchzusetzen! Fragen Sie nach Vorschlägen und nach den Bedürfnissen der anderen. Diskutieren Sie kritische Schnittstellen. Entwerfen Sie einen Zeit- und Maßnahmenplan zur Umsetzung.
Das alles bedeutet natürlich etwas Aufwand, aber die Investition lohnt sich!

### BEHALTEN SIE KRITISCHE ORGANISATIONSSCHRITTE SELBST IN DER HAND!

Lassen Sie niemanden mehr an „Ihre" Akten:

- Wenn jemand ein Dokument braucht: Geben Sie es selbst heraus. Und Sie selbst sorgen natürlich auch dafür, dass Sie später noch wissen, wer was „ausgeliehen" hat: mit Stellvertretern in den Akten oder klassisch mit einer Liste oder Kartei (macht ziemlich viel Arbeit!).
- Wenn jemand ein Dokument nicht mehr braucht oder ablegen will: Legen Sie es selbst ab. Damit Sie nicht immer wieder zwischendurch gestört werden, lassen Sie sich solche Akten am besten in Ihren Eingangskorb oder einen gesonderten Ablagekorb legen (siehe auch Kapitel 2, Ab-

schnitt „Dokumentenmanagement im Arbeitsbereich“, Seite 46).

Diese Variante sollte allerdings immer die letzte *Notlösung* bleiben, denn Sie haben eine Menge Arbeit damit, schränken die anderen in ihrer Flexibilität ein (die Hemmschwelle zum „Ausleihen“ einer Akte wird höher). Im schlimmsten Fall sorgen Sie damit vielleicht sogar dafür, dass Akten jetzt erst recht „gehortet“ werden, um für den jeweiligen Kollegen schnell greifbar zu sein.
Wenn gar nichts anderes mehr hilft, bleibt immer noch ein letzter Ausweg: Gehen Sie auf gezielte (und angekündigte!) Raubzüge! Holen Sie sich „Ihre“ Akten zurück und machen Sie dabei noch einmal die Folgen und Nachteile dieser Art der Zusammenarbeit deutlich.

**Delegieren und delegieren lassen: Wie werden Aufgaben professionell weitergegeben?**

Eine Besonderheit im Sekretariat ist, dass Ihnen oft niemand zur Verfügung steht, an den Sie Aufgaben delegieren könnten: In der Regel sind Sie eher diejenige, an die *andere* delegieren. Natürlich gibt es auch Ausnahmen (siehe Kapitel 4, Abschnitt „Zeitfresser jagen: Die Strategie“, ab Seite 118), in diesem Kapitel soll es allerdings vor allem darum gehen, *wie* Aufgaben an *Sie* delegiert werden: Wofür sollten Sie sorgen, wenn an Sie delegiert wird? Wie können Sie die Delegation erleichtern und beschleunigen?
Zur vollständigen Weitergabe einer Aufgabe gehört immer die Weitergabe von drei Bestandteilen – Ziel (Ergebnis), Kompetenz (Mittel) und Verantwortung:

**ZIEL, KOMPETENZ UND VERANTWORTUNG DELEGIEREN**

Denken Sie an die Aufgaben, die an Sie delegiert werden, während Sie dieses Kapitel weiter durcharbeiten:

- Was funktioniert bereits gut?
- Wobei treten Probleme auf?
- Was können Sie in Zukunft tun, um die Delegation zu erleichtern? Welche Fragen sollten Sie stellen? Welche Informationen einfordern?
- Worüber müssen Sie eventuell ein Grundsatzgespräch führen?

Notieren Sie Ihre Ergebnisse im Fragebogen auf Seite 76!

## ZIEL/ERGEBNIS

Stellen Sie sicher, dass Sie in die richtige Richtung arbeiten.

Ziel und Ergebnis delegieren heißt, ich mache deutlich, welches das Ziel der Aufgabe ist (*Wozu*?), welches Ergebnis die Tätigkeit haben soll (*Was*?), welche Konsequenzen daraus entstehen (*Wofür*?), welche Priorität die Aufgabe hat (*Wie wichtig, wie dringend, wie aufwändig*?).
Ziel delegieren heißt, ich gebe dem anderen alle Informationen, die er braucht, um in die richtige Richtung arbeiten zu können (*Wohin*?), die Bedeutung der Aufgabe im Zusammenhang zu verstehen (*Weshalb*?) und das gewünschte Ergebnis zu kennen (*Wie*?).
Wenn mit der Aufgabe nicht auch gleichzeitig Ziel und Ergebnis delegiert werden, kann es passieren, dass

- der andere nicht motiviert ist, die Aufgabe (optimal) zu erledigen,
- der andere in die falsche Richtung denkt,
- das Ergebnis nicht wie gewünscht ausfällt oder
- der dafür betriebene Aufwand nicht angemessen ist.

## KOMPETENZ UND MITTEL

Stellen Sie sicher, dass Sie alles haben oder erhalten, das Sie für die Umsetzung benötigen.

Kompetenz und Mittel delegieren heißt, ich stelle sicher, dass der andere über die Mittel (Ressourcen, Methoden, Informationen) verfügt, um die Aufgabe erledigen zu können (*Womit*?), sowie über die Macht und die Entscheidungsbefugnisse verfügt, die er dafür benötigt (*Wer entscheidet*?).
Kompetenz delegieren heißt, ich überlasse dem anderen die Entscheidung über die Art und Weise, wie das gewünschte Ergebnis hergestellt wird (*Wie*?), und alle Mittel, die er für die Bearbeitung benötigt (*Womit*?).
Wenn mit der Aufgabe nicht auch gleichzeitig die Kompetenz delegiert wird, kann es passieren, dass der andere

- nicht motiviert ist, die Aufgabe (optimal) zu erledigen,
- nicht in der Lage ist, die Aufgabe (optimal) zu erledigen oder
- nicht selbstständig mitdenkt und entscheidet, sondern
- immer wieder rückfragen und anfordern muss oder
- ständig kontrolliert und unterstützt werden muss.

## VERANTWORTUNG

Stellen Sie sicher, dass die Verantwortung klar, sinnvoll und transparent vergeben ist.

Verantwortung delegieren heißt, ich delegiere zusammen mit der Tätigkeit die Verantwortung für das Ergebnis, die Verantwortung für den Weg zum Ergebnis und die Verantwortung für die benötigten Ressourcen. (*Wer steht für das Ergebnis ein? Wer trägt die Konsequenzen?*) Wenn mit der Aufgabe nicht auch gleichzeitig die Verantwortung delegiert wird, kann es passieren, dass

- der andere nicht motiviert ist, die Aufgabe (optimal) zu erledigen oder
- der andere nicht selbstständig arbeitet, sondern immer wieder nachfragt und sich rückversichert.

## DELEGATION PROFESSIONELL STEUERN

| | ✔ | *Ihre Ideen, Maßnahmen, Vorschläge* |
|---|---|---|
| *Ziel/Ergebnis* | | |
| *Kompetenz/Mittel* | | |
| *Verantwortung* | | |

## IHR ERFOLGSTAGEBUCH ZUM PROFESSIONELLEN AUFGABENMANAGEMENT

| Kapitel | ✔ | To do | (Bis)Wann? | Status-Notizen |
|---|---|---|---|---|
| *Notizen S. 26* | | | | |
| | | | | |
| | | | | |
| | | | | |
| *To do S. 34* | | | | |
| | | | | |
| | | | | |
| | | | | |
| *Ordnung S. 43* | | | | |
| | | | | |
| | | | | |
| | | | | |
| *Prioritäten S. 52* | | | | |
| | | | | |
| | | | | |
| | | | | |
| *Konzentration S. 63* | | | | |
| | | | | |
| | | | | |
| | | | | |
| *Nein sagen S. 66* | | | | |
| | | | | |
| | | | | |
| | | | | |
| *Notizen für andere S. 69* | | | | |
| | | | | |
| | | | | |
| | | | | |

| | | | | |
|---|---|---|---|---|
| *Organisation anderer S. 71* | | | | |
| | | | | |
| | | | | |
| | | | | |
| *Delegieren S. 74* | | | | |
| | | | | |
| | | | | |
| | | | | |
| | | | | |
| | | | | |
| | | | | |
| | | | | |

# 3 *Planen und koordinieren: Die Termine im Griff*

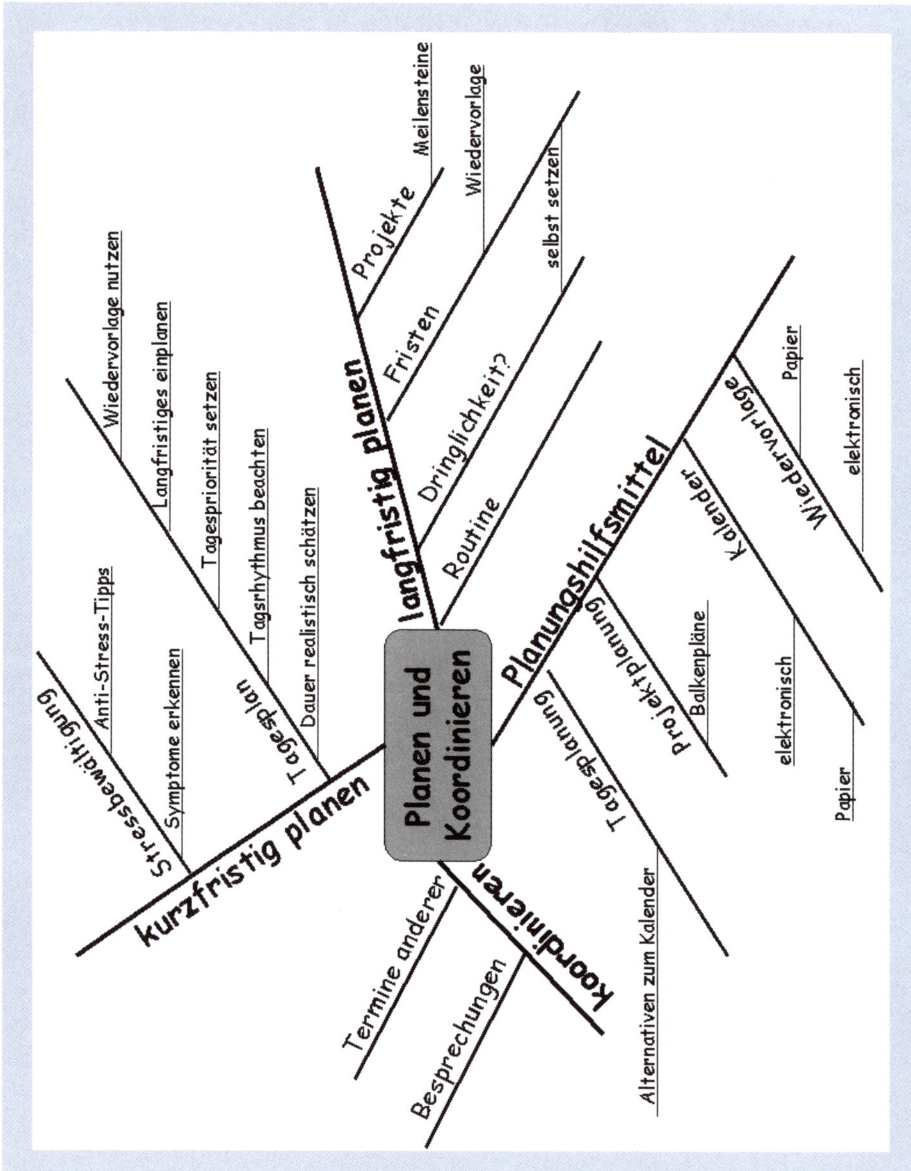
Planen und Koordinieren
kurzfristig planen
Stressbewältigung
Anti-Stress-Tipps
Symptome erkennen
Tagesplan
Wiedervorlage nutzen
Langfristiges einplanen
Tagespriorität setzen
Tagsrhythmus beachten
Dauer realistisch schätzen
langfristig planen
Projekte
Meilensteine
Fristen
Wiedervorlage
selbst setzen
Dringlichkeit?
Routine
Planungshilfsmittel
Wiedervorlage
Papier
elektronisch
Kalender
elektronisch
Papier
Projektplanung
Balkenpläne
Tagesplanung
Alternativen zum Kalender
koordinieren
Termine anderer
Besprechungen

## Ein paar Gedanken zum Planen und Koordinieren

Planen Sie Ihre Arbeit im Voraus? Oder tun Sie immer gerade das, was Ihnen spontan in den Sinn (oder auf den Schreibtisch) kommt?
Wie viel können Sie überhaupt im Voraus planen? Wie viel ist nicht vorhersehbar?

> Zeit zu managen heißt, alles Planbare zu planen!

So gewinnen Sie mehr Kontrolle und Übersicht. Sie arbeiten effizienter und gezielter.
Allerdings macht es auch keinen Sinn, zu viel Zeit zu verplanen und dann ständig enttäuscht zu sein, wenn der Plan wieder einmal nicht „aufgeht".
Genauso sinnlos ist eine Zeitplanung nur um der Zeitplanung willen.

**ÜBERORGANISATION**

> Zeit zu managen heißt, Planung als Hilfsmittel zu nutzen!

Ihre Termine sollen Sie dabei nicht unter Druck setzen oder frustrieren. Planung soll Arbeit sparen, nicht Arbeit machen. Im Extremfall kann zu viel Planung sogar zum Zeitfresser werden: Sie verbringen mehr Zeit mit der Planung als mit der Realisierung.
Zeitplanung sollte nicht der *Zweck*, sondern das *Mittel* sein – Planung ist nicht das *Ziel*, sondern der *Weg* zu einer besseren Organisation.
Machen Sie sich deshalb am Anfang dieses Kapitels noch einmal Gedanken darüber, was Sie durch ein verbessertes Terminmanagement erreichen möchten: „Durch Planen und Koordinieren möchte ich erreichen, dass ..."
Halten Sie sich diese Ziele immer wieder vor Augen, damit Ihr Zeitmanagement am Ende nicht nur beeindruckend, modern und professionell, sondern vor allem auch *nützlich* ist!
Welches sind Ihre Stärken und Schwächen, wenn es darum geht, zu planen und zu koordinieren? Welche Ressourcen können Sie einsetzen, welche Hürden müssen Sie überwinden?

| *Haben Sie Ihre Zeitplanung im Griff?* | *ja* | *eher ja* | *eher nein* | *nein* | *Mehr ab Seite* |
|---|---|---|---|---|---|
| Ich plane meine tägliche Arbeit realistisch und übersichtlich im Voraus. | | | | | 83 |
| Routinen geben meiner Planung Sicherheit, ohne dass ich an festgefahrenen Gewohnheiten hänge. | | | | | 90 |
| Langfristige Aufgaben erledige ich rechtzeitig und plane den Aufwand frühzeitig ein. | | | | | 92 |
| Meine Kalenderführung ist übersichtlich, sicher und wenig aufwändig. | | | | | 96 |
| Fristen und Wiedervorlagen habe ich immer im Blick und im Griff. | | | | | 101 |
| Auch in Stresssituationen bleibe ich ruhig, strukturiert und souverän. | | | | | 104 |
| Termine anderer koordiniere ich professionell und zur Zufriedenheit aller. | | | | | 108 |
| Meine Besprechungsplanung ist effektiv und effizient. | | | | | 111 |

## RESSOURCEN-CHECK: PLANEN UND KOORDINIEREN

| *Meine größten Stärken* | *Meine größten Schwächen* |
|---|---|
| | |
| | |
| | |

## Managen Sie Ihre Zeit

### Tagesplanung: Wie planen Sie aktuell und realistisch?

> *Wie töricht ist es, Pläne für das ganze Leben zu machen, wo wir doch nicht einmal Herren des morgigen Tages sind.*
> Seneca, um 4 v. Chr. – 65 n. Chr.

Wie Sie hier hören, gab es das Problem der Tagesplanung schon vor Christi Geburt und es ist keineswegs eine „Erfindung“ unserer modernen Gesellschaft. Als Sekretärin oder Assistentin ist die Einteilung des Arbeitstages erst recht eine Herausforderung, denn Sie können in der Regel Ihren Tagesablauf nicht (vollständig) selbst bestimmen: Vieles ist am Anfang des Tages noch nicht absehbar, oft ändern sich im Nachhinein die Prioritäten, neben der täglichen Routine gibt es viel Unvorhersehbares.

#### WIE VIEL ZEIT IST PLANBAR? WIE VIEL SOLLTEN SIE VERPLANEN?

Denken Sie einmal an Ihren nächsten Arbeitstag und überlegen Sie sich: Wie viel Prozent dieses Tages können Sie voraussichtlich „verplanen“?
0 Prozent würde bedeuten, dass Sie ausschließlich *reagieren* (vergleichbar mit der Tätigkeit in einem Callcenter). 100 Prozent würde bedeuten, dass Sie ausschließlich im Voraus planen, was Sie tun (vergleichbar mit den Möglichkeiten als Romanschriftstellerin).
Kreuzen Sie die entsprechende Stelle auf der Skala an: Wie viel Prozent Ihres Tages können Sie im Voraus bestimmen?

| | | | | | | | | | | |
|---|---|---|---|---|---|---|---|---|---|---|
| planen | | | | | | | | | | planen |
| 0 % | 10 % | 20 % | 30 % | 40 % | 50 % | 60 % | 70 % | 80 % | 90 % | 100 % |
| 100 % | 90 % | 80 % | 70 % | 60 % | | 40 % | 30 % | 20 % | 10 % | 0 % |
| reagieren | | | | | | | | | | reagieren |

Ein klassisches Zeitmanagementprinzip ist die so genannte 60/40-Regel: Verplanen Sie maximal 60 Prozent Ihrer Zeit und lassen Sie 40 Prozent für Unvorhergesehenes und Spontanes offen. Der Vergleich „Zeit ist Geld“ verdeutlicht den Sinn dieser Aufteilung:

## ZEIT IST GELD!

Stellen Sie sich jetzt nicht vor, dass Sie Zeit behandeln wie Geld, sondern dass Sie *Geld handhaben wie Zeit*:
Sie kommen beim Frühstück auf den Gedanken, dass Sie zum Abendessen eine Tomatensuppe essen möchten. Sie entscheiden sich für eine Dosensuppe, die Sie bereits oft gekauft haben. Sie wissen genau, wie viel die Dose kostet: 1 Euro.
Wenn Sie nun Ihr Geld so einteilen würden, wie wir das oft mit unserer Zeit tun, dann würden Sie morgens genau einen Euro aus Ihrer „Kasse" nehmen und ins Portmonee legen – nicht mehr und nicht weniger! Sie nehmen nur so viel mit, wie Sie der Erfahrung nach brauchen werden.
Tun Sie das normalerweise?
Warum nicht?
Die Antwort liegt nahe: Es kann zu viel Unvorhergesehenes geschehen ...

- Ihre bevorzugte Tomatensuppe ist gerade ausverkauft. Es gibt nur noch eine Marke, die 50 Cent mehr kostet.
  *Wer zu knapp kalkuliert, muss damit rechnen, dass er bei unvorhergesehenen Hindernissen keinen Handlungsspielraum mehr hat!*
  Sie erreichen Ihr gestecktes Ziel (Tomatensuppe) nicht oder Sie müssen unverhältnismäßig viel Aufwand dafür betreiben (einen anderen Laden aufsuchen oder nach Hause fahren und mehr Geld holen).

- Im Geschäft gibt es gerade ein unwiderstehliches Sonderangebot. Sie könnten viel Geld sparen, wenn Sie jetzt welches hätten.
  *Wer zu knapp kalkuliert, muss damit rechnen, dass er bei unvorhergesehenen Chancen keinen Handlungsspielraum mehr hat!*
  Sie erreichen zwar Ihr gestecktes Ziel, verzichten jedoch auf eine gute Gelegenheit, anderen Zielen näher zu kommen oder Ihr ursprüngliches Ziel sogar noch zu übertreffen.

Aus diesen Gründen würden Sie nie mit nur einem Euro im Portmonee aus dem Haus gehen. Trotzdem beginnen viele Ihren Arbeitstag wider besseren Wissens mit nur 10 Minuten Zeit für eine Aufgabe im Tagesplan!

Behandeln Sie Zeit wie Geld, das heißt:

> Planen Sie unvorhersehbare Hindernisse ein.
> Planen Sie unvorhersehbare Chancen ein.

Die 60/40-Regel besagt: 60 Prozent verplanen, 20 Prozent für unvorhergesehene Hindernisse (Unterbrechungen, unerwartete Aufgaben, unerwartete Schwierigkeiten ...), 20 Prozent für unvorhergesehene Chancen (spontane Ideen, Gelegenheiten, Kontaktpflege oder ähnliche „informelle" Aufgaben ...).
Das klingt zwar sehr vernünftig, ist jedoch in den meisten Fällen der Erfahrung nach die falsche Richtschnur. Nicht, weil Sie dadurch zu viel Zeitpuffer hätten, sondern zu wenig! Besonders im Sekretariat ist der Anteil an Unvorhergesehenem in der Regel wesentlich größer als 40 Prozent!

**PUFFER EINPLANEN**

Wie hatten Sie in der Skala oben Ihre „verplanbare" Zeit eingeschätzt? Die meisten Sekretärinnen müssen mit einem sehr hohen Anteil von unerwarteten Aufgaben rechnen – 80 Prozent sind keine Seltenheit! Besonders wenn Sie viel Kunden- und Mitarbeiterkontakt haben (persönlich oder telefonisch), wenn Sie mehr tun, als „nur" die Post öffnen und Briefe tippen, wenn Sie *für andere* statt hauptsächlich *für sich* arbeiten – dann muss Ihre Tagesplanung flexibel und offen für Änderungen sein. Sobald Sie jede Minute verplanen, haben Sie im Laufe des Tages nur noch die Wahl zwischen „Ich lasse das jetzt sein, weil ich keine Zeit dafür habe, obwohl es sinnvoll wäre" oder „Ich mache das jetzt, da es sinnvoll ist, lasse aber eine geplante Aufgabe dafür liegen".

> Motivieren Sie sich durch eine realistische (das heißt großzügige!) Tagesplanung.

Ständiges Arbeiten *gegen* die eigenen Pläne ist sehr frustrierend! Also nehmen Sie sich nicht zu viel vor. Besser ist es, sich wenige Tagesziele zu setzen (im Extremfall sogar nur ein einziges Ziel), diese jedoch zu erreichen! So bleiben Sie flexibel, motiviert und handeln trotzdem geplant und effizient. Sie werden feststellen, dass Sie tatsächlich mehr schaffen, wenn Sie großzügiger planen, denn Sie arbeiten dadurch gezielter, konzentrierter und stressfreier:

> *Leute, die niemals Zeit haben, tun am wenigsten.*
> Georg Christoph Lichtenberg, 1742–1799

## TAGESPLANUNG IM TAGESRHYTHMUS

Können Sie sich den ganzen Tag lang gleichmäßig gut konzentrieren? Die meisten Menschen können das nicht. In der Regel schwankt die Konzentrationsfähigkeit im Tagesverlauf – wir sind abhängig von unserem natürlichen Rhythmus.

> Planen Sie mit Ihrem persönlichen Rhythmus!

Die Funktionssteuerung des menschlichen Körpers durch seine innere Uhr bestimmt, zu welcher Tageszeit die einzelnen Körperorgane ihre höchsten Aktivitäten entfalten und wann eine Ruheperiode einzulegen ist. Diesen Vorgang nennt man auch Biorhythmus.
Ziehen Sie daraus allerdings keine voreiligen Schlüsse: Eigentlich legt der Biorhythmus nahe, dass Sie Aufgaben, auf die Sie sich besonders konzentrieren müssen, zwischen 09.00 und 11.00 Uhr erledigen sollten. Tun Sie das tatsächlich?

## LEISTUNGSFÄHIGKEIT IM TAGESVERLAUF

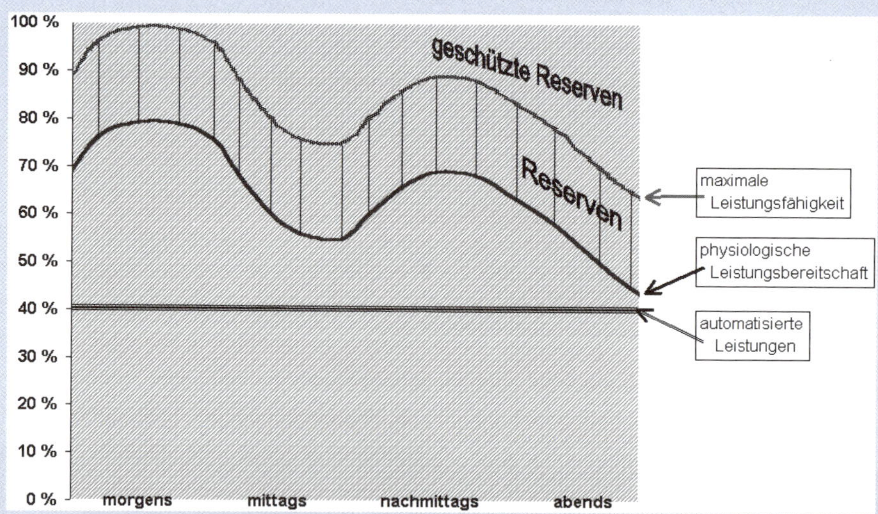

## GRUNDREGELN ZUR TAGESPLANUNG

- Planen Sie Planbares am Nachmittag des Vortages oder am Morgen.
- Nehmen Sie sich nur so viel vor, wie Sie tatsächlich bearbeiten können.
- Planen Sie Puffer für Chancen und Gelegenheiten mit ein.

Wahrscheinlich nicht, denn Sie haben sich längst auch dem Rhythmus Ihrer Kollegen und Vorgesetzten angepasst.

Neben dem persönlichen Rhythmus müssen Sie auch den „Unterbrechungs-Rhythmus" einplanen!

Die „Tagesstörkurve" (die Häufigkeit der Unterbrechungen) ist natürlich von Arbeitsplatz zu Arbeitsplatz unterschiedlich. Deshalb ermitteln Sie beide Rhythmen am besten selbst – für Ihren Arbeitsplatz und für Ihre Person.

## PROTOKOLLIEREN SIE EINE WOCHE LANG IHREN TAGESRHYTHMUS

Vergeben Sie jeweils „Noten" von 1 bis 6 für die verschiedenen Zeitpunkte (1 = sehr gut beziehungsweise ungestört; 6 = sehr schlecht beziehungsweise Konzentration unmöglich).

## TAGESRHYTHMUS

| *Zeit* | *Biorhythmus* | | | | | *Unterbrechungen* | | | | | *Kommentare* |
|---|---|---|---|---|---|---|---|---|---|---|---|
| 6.00 Uhr | | | | | | | | | | | |
| 7.00 Uhr | | | | | | | | | | | |
| 8.00 Uhr | | | | | | | | | | | |
| 9.00 Uhr | | | | | | | | | | | |
| 10.00 Uhr | | | | | | | | | | | |
| 11.00 Uhr | | | | | | | | | | | |
| 12.00 Uhr | | | | | | | | | | | |
| 13.00 Uhr | | | | | | | | | | | |

## TAGESRHYTHMUS

| *Zeit* | *Biorhythmus* | | | | | *Unterbrechungen* | | | | | *Kommentare* |
|---|---|---|---|---|---|---|---|---|---|---|---|
| 14.00 Uhr | | | | | | | | | | | |
| 15.00 Uhr | | | | | | | | | | | |
| 16.00 Uhr | | | | | | | | | | | |
| 17.00 Uhr | | | | | | | | | | | |
| 18.00 Uhr | | | | | | | | | | | |
| 19.00 Uhr | | | | | | | | | | | |
| 20.00 Uhr | | | | | | | | | | | |

## HILFSMITTEL FÜR DIE TAGESPLANUNG

Für die Tagesplanung eignen sich neben Kalendern (siehe Abschnitt „Hilfsmittel: Welcher Kalender ist der richtige?", Seite 96) auch zahlreiche andere Hilfsmittel. Tatsächlich ist für die Tagesplanung im Sekretariat der Kalender meistens nicht so gut geeignet: Zu oft müssen Aufgaben in letzter Minute doch noch auf einen anderen Tag übertragen werden! Außerdem sind die meisten Kalender schnell mit Notizen überfüllt (zum Beispiel die schmalen Tischkalender), verlangen zu viel Pflegeaufwand (zum Beispiel viele PC-Kalender) oder bieten zu wenig langfristige Übersicht (zum Beispiel Kalender mit einer Seite pro Tag). Falls Sie lose Zettel für Ihre Tagesplanung benutzen: Lesen Sie Kapitel 2, Abschnitt „Strukturierte Notizen: Wo stand das doch gleich?" (ab Seite 25)!
Neben Kalendern und Zetteln gibt es jedoch noch andere Alternativen.

## GRUNDREGELN ZUR TAGESPLANUNG IM TAGESRHYTHMUS

- Ermitteln Sie Ihren persönlichen Rhythmus und Ihre „Störkurve".
- Planen Sie Aufgaben, auf die Sie sich besonders konzentrieren müssen, für Zeiten ein, in denen Ihr Biorhythmus „oben" ist.
- Planen Sie Aufgaben, auf die Sie sich besonders konzentrieren müssen, für relativ störungsarme Zeiten ein.

## HILFSMITTEL FÜR DIE TAGESPLANUNG

| | *Tipps* |
|---|---|
| *Haft-notizen* | • Schreiben Sie sich für jeden Tag zirka drei Post-its mit den drei wichtigsten Aufgaben, die heute (beziehungsweise morgen) unbedingt erledigt werden sollten.<br>• Geben Sie diesen Haftnotizen einen besonderen Platz, wo Sie sie immer sehen: zum Beispiel an der oberen Kante Ihrer PC-Tastatur, auf Ihrer Wiedervorlagemappe, am Telefon ...<br>• Sorgen Sie dafür, dass es nie mehr als drei werden: Überschuss kleben Sie in Ihre Wiedervorlagemappe auf andere Tage oder in Ihre Kladde, Ihren Kalender ...<br>• Erledigte Post-its nicht wegwerfen, sondern zum Beispiel in Ihre Kladde kleben oder einfach stapeln. |
| *Kladde* | • Markieren Sie die wichtigsten Aufgaben für diesen Tag in Ihrer Kladde mit Textmarker.<br>• Sollte sich die Priorität zwischendurch ändern: Ändern Sie die Textmarkerfarbe! |
| *Formular* | • Erstellen Sie ein Formular für Ihren Tagesplan (Beispiel siehe Abbildung Seite 90).<br>• Erledigte Pläne heften Sie ab, damit Sie später noch nachsehen oder Bilanz ziehen können. |
| *PC* | • Erstellen Sie eine To-do-Liste in Excel, Outlook, Lotus Notes oder ähnlichen Programmen und geben Sie Fristen beziehungsweise Termine für die Aufgaben ein.<br>• Nutzen Sie die Möglichkeit, einen Alarm einzurichten, um sich zwischendurch an die Aufgaben erinnern zu lassen.<br>• Achten Sie darauf, dass das Erstellen und die Pflege Ihrer Liste nicht zum Zeitfresser wird! |
| *Ablage* | • Legen Sie Dokumente für den Tag auf Wiedervorlage oder richten Sie sich eine Mappe oder einen Korb „Heute noch" ein.<br>• Falls (noch) kein Dokument zu der Aufgabe gehört: Schreiben Sie sich eine Notiz und legen Sie sie an die gleiche Stelle. |

## FORMULAR FÜR EINEN „SCHNELLEN TAGESPLAN“

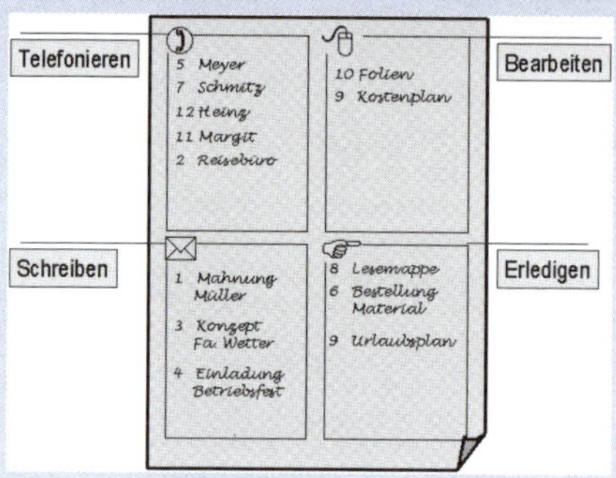


## PRIORITÄTEN SETZEN

Bei der Planung Ihres Arbeitstages ist besonders wichtig, dass Sie die Aufgaben mit „höchster Priorität“ einplanen. Das sind die Aufgaben, die besonders *wichtig* und besonders *aufwändig* sind (siehe Kapitel 2, Abschnitt „Arbeiten mit Prioritäten: Was zuerst?“, ab Seite 52). Natürlich müssen auch die „nur“ dringenden Aufgaben erledigt werden – meistens jedoch werden am ehesten die vergessen, die „nur“ wichtig sind!

> Nehmen Sie sich für jeden Tag mindestens eine Aufgabe vor, die zwar wichtig und aufwändig, aber (noch!) nicht dringend ist!

Dadurch stellen Sie sicher, dass Sie am Ende der Frist nicht hetzen müssen. Eher *unangenehme Aufgaben* sollten Sie auf jeden Fall bewusst einplanen: Sonst haben Sie die Aufgabe immer im Hinterkopf und ständig das Gefühl: „Oh nein, das kommt ja auch noch!“
Gerade besonders *aufwändige Aufgaben* können durch Tagesplanung gezielt in übersichtlichen Arbeitspaketen nach und nach abgearbeitet werden. Dann fällt die Erledigung sehr viel leichter und Sie müssen am Ende der Frist nicht „das Büro schließen“, um noch fertig zu werden. (Mehr dazu im Kapitel 2, Abschnitt „Aufgaben effektiv teilen“, Seite 57.)

### Routine: Wie gestalten Sie Ihren Alltag?

Gewohnheiten und Routine können für Ihr Zeitmanagement gleichzeitig sehr nützlich und sehr schädlich sein, je nachdem, wie Sie damit umgehen:

- Machen Sie es sich zur Gewohnheit, Ihren Tag *am Vortag oder am Morgen* zu planen! Gehen Sie dann Ihre To-do-Liste durch, setzen Sie Prioritäten und überdenken Sie frühere Prioritäten. Legen Sie sich die Aufgaben für den Tag zurecht oder notieren Sie sie.
- Machen Sie es sich zur Gewohnheit, *am Ende des Tages zurückzublicken* und den Tag auszuwerten! Was haben Sie geschafft, was ist liegen geblieben? Was haben Sie gut gemacht, was können Sie morgen besser machen?

Worüber haben Sie sich geärgert, was hat Sie gefreut?

- Versuchen Sie, alle Änderungen in Ihrer Organisation und Ihrem Zeitmanagement *zur Routine werden* zu lassen! Es dauert meistens etwas, aber erst wenn Sie zum Beispiel automatisch in die richtige Richtung greifen oder einen Zeitfresser auf Anhieb erkennen, kommen Sie in den „vollen Genuss" der Veränderungen.

- Nutzen Sie Routineaufgaben, um Ihrem Tag *Struktur zu geben*! Wenn Sie bestimmte Aufgaben (wie die Postsichtung, die tägliche Chefbesprechung oder die „Kopierstunde") immer zur gleichen Zeit erledigen, können sich auch andere darauf einstellen und einrichten. Außerdem vermitteln diese Routinen viel Ruhe und Sicherheit in einem ansonsten meist sehr unvorhersehbaren Alltag.

- Verbinden Sie Aufgaben mit „*Ritualen*"! Rituale sind Verhaltensweisen, die Sie selbst als „traditionell" prägen. Es kann zum Beispiel ein Ritual sein, nach der Mittagspause die Pflanzen zu gießen, während Sie über die Ereignisse des Morgens nachdenken, oder Sie räumen in einer bestimmten Reihenfolge Ihren Schreibtisch auf, bevor Sie das Büro verlassen, oder Sie gönnen sich jedes Mal ein Stück Kuchen, wenn Sie den Monatsbericht fertig haben ... Rituale sorgen nicht nur (wie alle anderen Gewohnheiten) für mehr Struktur, sondern machen meistens auch sehr viel Spaß und motivieren.

Andererseits können Gewohnheiten natürlich auch zur Gefahr werden, eben zur „schlechten" Gewohnheit:

- Überprüfen Sie von Zeit zu Zeit Ihre Gewohnheiten: Sind sie sinnvoll? Sind sie nützlich? Motivieren sie Sie?

- Fragen Sie andere, was für Gewohnheiten sie an Ihnen mögen und welche Gewohnheiten sie stören.

- Tun Sie etwas nie nur deshalb, weil Sie es schon immer so getan haben. Das ist kein gutes Argument, es auch weiterhin so zu tun!

*Achte auf deine Gedanken, denn sie werden Worte. Achte auf deine Worte, denn sie werden Handlungen. Achte auf deine Handlungen, denn sie werden Gewohnheiten. Achte auf deine Gewohnheiten, denn sie werden dein Charakter. Achte auf deinen Charakter, denn er wird dein Schicksal.*

Charles Reade, 1814–1884

### Langfristige Planung: Wie planen Sie im Voraus?

> *Müde macht uns die Arbeit, die wir liegen lassen, nicht die, die wir tun.*
> Marie von Ebner-Eschenbach, 1830–1916

Zeitplanung im Sekretariat sollte immer offen für Unvorhergesehenes sein, offen für das, was der Tag Neues bringt. Dann werfen Änderungen der Prioritäten oder plötzliche Terminverschiebungen Ihren Plan nicht durcheinander und trotz der Unwägbarkeiten des Alltags behalten Sie immer alles im Griff.

Der größte Nachteil dieser offenen Planung ist, dass langfristige Aufgaben häufig zu kurz kommen – denn sie können besonders gut immer weiter verbeziehungsweise aufgeschoben werden. Erst dann, wenn die ursprünglich langfristige Aufgabe dringend geworden ist, wird sie schließlich erledigt: Nicht weil der Zeitpunkt nun günstig wäre, sondern weil es *nicht mehr anders geht*!

So weit sollten Sie es nach Möglichkeit nicht kommen lassen.

> Erledigen Sie langfristige Aufgaben, bevor sie zu kurzfristigen werden.

Nur dann können Sie noch frei entscheiden, zu welchem Zeitpunkt, in welchem Zusammenhang und mit welchem Aufwand Sie arbeiten. Sie haben noch die Wahl und können unvorhergesehene Schwierigkeiten leichter bewältigen als „in letzter Minute".

Den ersten Tipp zur Planung langfristiger Aufgaben haben Sie bereits im Kapitel Tagesplanung bekommen:

> Nehmen Sie sich für jeden Tag mindestens eine Aufgabe vor, die zwar wichtig und aufwändig, aber (noch!) nicht dringend ist!

So fügen sich langfristige Aufgaben in Ihre Tagesroutine ein und werden frühzeitig erledigt, statt sich anzusammeln und irgendwann zu kurzfristigen Aufgaben zu werden.

In diesem Kapitel geht es vor allem um aufwändige langfristige Aufgaben, um Aufgaben, die Projektcharakter haben. Unter einem Projekt versteht man eine Aufgabe, die

- *neuartig* ist. (Es gibt noch keine Standardabläufe oder festgelegten Prozesse für die Aufgabe.)
- *komplex* ist. (Es lohnt sich, eine gesonderte Planung zu erstellen, um die Übersicht nicht zu verlieren.)
- *bereichsübergreifend* ist. (Es sind mehrere Stellen im Unternehmen beziehungsweise mehrere Personen beteiligt.)

- zeitlich *begrenzt* ist. (Es gibt einen Endtermin.)

Auch wenn eines dieser Merkmale nicht zutrifft, lohnt sich oft der Einsatz so genannter Projektplanungsinstrumente, wie sie im Folgenden beschrieben werden.
In jedem Fall macht es Sinn, die Aufgabe zunächst in überschaubare Teilaufgaben zu gliedern.

> Teilen Sie komplexe langfristige Aufgaben in übersichtliche Teilaufgaben.

Tipps zu und Vorteile von Teilaufgaben finden Sie im Kapitel 2, Abschnitt „Aufgaben effektiv teilen", ab Seite 57!
Anschließend können Sie diese Teilaufgaben zusätzlich separat terminieren und einen Projektplan aufstellen.
Projektmanagement und Projektassistenz sind Arbeitsbereiche, zu denen ohne Schwierigkeiten weitere 100 Seiten gefüllt werden könnten! Deshalb sollen hier nur zwei der Tools aus diesem Bereich vorgestellt werden: Balkenpläne und Meilensteine.

## BALKENPLÄNE

Balkenpläne sind in zahlreichen Varianten vorstellbar. Gemeinsam ist allen, dass Vorgänge als Balken auf einer Zeitachse abgetragen werden: Je länger der Balken, desto länger dauert der Vorgang. In der folgenden Abbildung sehen Sie zum Beispiel einen sehr schlichten Balkenplan, der mit Microsoft Excel erstellt wurde. Auf der Zeitachse sind die Kalendertage abgetragen (der Zeitraum vom 15. bis zum 27. ist der Übersichtlichkeit halber ausgeblendet!), in den Zeilen die Mitarbeiter.
In der Regel berücksichtigen Balkenpläne zusätzlich auch Pufferzeiten, die farblich innerhalb des jeweiligen Balkens abgesetzt werden: Wie lange darf sich die Tätigkeit verzögern, ohne den Gesamtplan zu gefährden? Je nach Planungsinhalt können die Balken zusätzlich auch noch nach Verantwortlichen, Ressourcen oder Teilprojekten gegliedert

### BALKENPLAN ANWESENHEITSZEITEN

| Mitarbeiter / Zeit | 1 | 2 | 3 | 4 | 5 | 6 | 7 | 8 | 9 | 10 | 11 | 12 | 13 | 14 | … | 28 | 29 | 30 | 31 | Gesamt |
|---|---|---|---|---|---|---|---|---|---|---|---|---|---|---|---|---|---|---|---|---|
| Schulz | | | | | | | | | | | | | | | … | | | | | ... |
| Meyer | | | | | | | | | | | | | | | … | | | | | ... |
| Meier | | | | | | | | | | | | | | | … | | | | | ... |
| Schmidt | | | | | | | | | | | | | | | … | | | | | ... |
| Schneider | | | | | | | | | | | | | | | … | | | | | ... |
| **Gesamt:** | **2** | **4** | **4** | **5** | **2** | **2** | **1** | **1** | **1** | **2** | **3** | **1** | **0** | **1** | **...** | **1** | **2** | **1** | **5** | ... |

und entsprechend gruppiert oder farblich markiert werden.
Spätestens dann, wenn sich die Planung zwischendurch immer wieder ändert, sollten Sie statt einer selbst „gebastelten" Tabelle lieber eine spezialisierte Software benutzen. Das bekannteste Programm für Projektplanung ist zurzeit Project von Microsoft. Daneben gibt es noch viele weitere Anbieter: Eine Recherche (zum Beispiel im Internet) lohnt sich! Balkenpläne können natürlich auch auf Tafeln gezeichnet oder von Hand im Kalender abgetragen werden: Betreiben Sie wie immer nicht mehr Aufwand als nötig.
Ein beliebtes Anwendungsgebiet für Balkenpläne (neben der Projektplanung) ist die Urlaubsplanung, Schichtplanung oder allgemein die Planung von *Arbeitszeit* und *Personaleinsatz*. Neben Mitarbeitern können auch *Ressourcen* (wie Räume, Maschinen ...) mit Balkenplänen übersichtlich verwaltet werden. Der Vorteil ist, dass Sie auf einen Blick erkennen, wann etwas geschieht beziehungsweise wann etwas (jemand) da oder nicht da ist. Für diese Zwecke gibt es auch auf Personalverwaltung spezialisierte Software, wie zum Beispiel den Schichtplaner (siehe Abbildung Seite 95; erhältlich im Internet bei www.schichtplaner.de).

## MEILENSTEINE

Ein Meilenstein kennzeichnet das *Erreichen eines Teilzieles* im Projektverlauf: Ein Projektabschnitt oder ein Teilziel wurde erreicht. In der Regel sind diese Zeitpunkte mit herausragenden Ereignissen oder dem Abschluss eines übergeordneten Arbeitspakets verbunden: beim Hausbau zum Beispiel das Richtfest, bei der Planung einer Veranstaltung zum Beispiel das Versenden der Einladung, bei der Vorbereitung einer Präsentation zum Beispiel die Absegnung des Redetextes durch den Vortragenden.
Meilensteine sollten Sie so definieren, dass zu diesem Zeitpunkt ein *Rückblick sinnvoll* ist (Wie ist es bisher gelaufen? Was hat gut funktioniert? Wo ist die Planung nicht aufgegangen? ...) und ein *Ausblick möglich* ist (Was muss am ursprünglichen Plan geändert werden? Was werden Sie in Zukunft anders machen? ...).
Bei langfristigen Aufgaben – besonders bei Aufgaben, die sich über mehrere Monate erstrecken – sollten Sie auf jeden Fall Meilensteine definieren. Sie bieten nicht nur die Möglichkeit zur Zwischenbilanz, sondern motivieren auch: Das ist schon geschafft. So weit bin ich schon gekommen ...
Geben Sie Ihren Meilensteinen aussagekräftige Namen und tragen Sie diese in Ihren Balkenplan oder einfach in Ihren

## SCHICHTPLANER

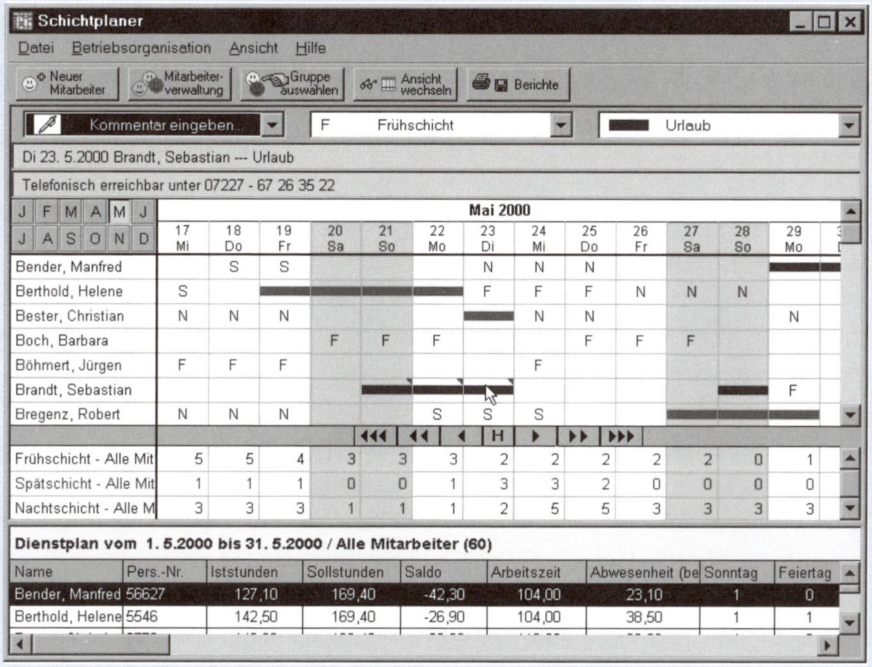


Kalender ein: Konzeptrichtfest, Generalprobe, Halbzeitpause … Um welches Thema es sich auch handelt, Meilensteine helfen Ihnen, Struktur zu gewinnen und die Motivation aufrechtzuerhalten.

> *Das nächste Ziel mit Lust und Freude und aller Kraft zu verfolgen ist der einzige Weg, das fernste zu erreichen.*
>
> Friedrich Hebbel, 1813–1863

## LAGERHALTUNG FÜR LANGFRISTIGE ODER UNBEFRISTETE AUFGABEN

Sowohl Balkenpläne als auch Meilensteine sind nur dann sinnvoll, wenn Sie bereits eine Vorstellung oder eine Vorgabe zum Zeitziel der Tätigkeit haben: Wann soll die Aufgabe oder Teilaufgabe abgeschlossen sein?
Was aber geschieht mit den Aufgaben, für die Sie *keine zeitliche Beschränkung*, keine Frist haben? Meistens sind das

Dinge, die Sie einfach „irgendwann" tun möchten oder die „bei Gelegenheit" einmal sinnvoll wären. So etwas bleibt meistens liegen – eben *weil* es keine Frist gibt. Deshalb ist die erste und beste Lösung:

Setzen Sie sich selbst Fristen.

Diese Fristen sollten verbindlich sein und in den Kalender eingetragen werden. Vielleicht informieren Sie auch Kollegen und Kolleginnen oder Vorgesetzte von Ihrem Vorhaben und Ihren Terminen. Das hilft oft, die Selbstdisziplin aufrechtzuerhalten!
Falls Sie etwas im Moment gar nicht terminieren können, dann legen Sie es bewusst „auf Lager", damit Sie es nicht vergessen.

Speichern Sie unbefristete Aufgaben sichtbar.

Viele Ideen dazu finden Sie im Kapitel 2 ab Seite 21. Nicht nur tägliche To-dos, sondern auch langfristige Ziele, Wünsche oder Vorhaben können gespeichert werden: Schreiben Sie sie zum Beispiel auf kleine Zettel und sammeln Sie sie in einem hübschen Kästchen auf Ihrem Schreibtisch. Notieren Sie sie in einer speziellen Datei auf dem Desktop Ihres Computers oder hängen Sie sie auf bunten Post-its an die Wand ... Sobald Sie dann „zu viel" Zeit haben, können Sie immer etwas davon erledigen oder erst einmal terminieren! Auf jeden Fall haben Sie es zunächst aus den Augen, aber eben nicht für immer aus dem Sinn.

### Hilfsmittel: Welcher Kalender ist der richtige?

Es gibt für jeden den richtigen Kalender! Wenn Sie sich in einem Schreibwarengeschäft umsehen, stehen Sie vor unendlich vielen verschiedenen Möglichkeiten. Die Checkliste „Papierkalender" (Seite 98) sollte Ihnen bei der Entscheidung helfen. Bevor Sie jedoch Ihren Kalenderbestand checken, klären Sie zunächst folgende Grundsatzfrage:

Wie viele (verschiedene) Kalender brauchen Sie (wirklich)?

Meistens lautet die Antwort auf diese Frage ganz einfach: einen! Mehr als einen Kalender zu pflegen ist immer mit Nachteilen verbunden:

- Aufwand beim Übertragen von einem Kalender in den anderen
- Unklarheit oder Unsicherheit darüber, in welchem Kalender was steht beziehungsweise fehlt
- Aufwand bei der Suche nach einem freien Termin, denn es muss in mehreren Kalendern nachgesehen werden

Diese Nachteile können ganz einfach beseitigt werden, indem Sie überflüssige Kalender beseitigen.

> Entfernen Sie alle überflüssigen Kalender aus Ihrer Arbeitsumgebung.

Allerdings kann es gut sein, dass Sie mehr als einen Kalender benötigen: Eine „klassische" Sekretariatsaufgabe besteht darin, den Kalender des Chefs zu führen. Vielleicht kommen auch noch Kalender von Teammitgliedern hinzu? Vielleicht haben Sie auch mehrere Vorgesetzte, deren Termine Sie managen?

### KALENDERBERGE

Diese Aufgabe ist durch die moderne Technik erheblich leichter geworden. Mit einem *elektronischen Kalender* können Sie zahlreiche Papierkalender „los werden". Dann haben Sie – je nach Software – zum Beispiel folgende Möglichkeiten:

- Mit einem Klick können Sie *Wiederholungstermine* für ganze Zeiträume und auf mehreren Kalendern gleichzeitig einrichten – zum Beispiel die wöchentliche Montagsbesprechung für ein ganzes Jahr oder Geburtstage, Feiertage, Jubiläen.
- Mit *Terminanfrage*-Funktionen können Sie nachsehen, wann ein bestimmter Mitarbeiter das nächste Mal einen Termin frei hat – natürlich nur, wenn er seinen Kalender gewissenhaft pflegt!
- Mit unterschiedlichen *Ansichten* können Sie sich sowohl einen Überblick über den ganzen Monat als auch einen Detailblick auf den einzelnen Tag verschaffen.
- Mit *Suche*-Funktionen können Sie nach bestimmten Termintypen oder Stichwörtern suchen lassen – zum Beispiel nach allen Terminen zu einem bestimmten Thema oder mit bestimmten Ansprechpartnern.
- Termine, die *unterwegs* im Notebook oder Laptop eingetragen wurden, können schnell und einfach in den Kalender der Sekretärin überspielt werden – sofern eine entsprechende Schnittstelle für die Synchronisation vorhanden ist. Inzwischen muss der Mitarbeiter dafür nicht einmal mehr in Ihr Büro kommen: Die Daten können auch per Internet übertragen werden.

- Termine können *per E-Mail verschickt* oder auch direkt in einen „fremden" Kalender eingetragen werden – sofern Sie auf diesen Kalender Zugriff haben beziehungsweise der andere die gleiche Software benutzt wie Sie.
- Dokumente, die ebenfalls elektronisch gespeichert sind, können mit dem Termin *verknüpft* und so auf Wiedervorlage gelegt werden.
- Mit *Alarm-* beziehungsweise *Weck-Funktionen* können Sie einrichten, dass Ihr Computer Sie zu einem bestimmten Zeitpunkt an den Termin (und die damit verbundenen Aufgaben) erinnert – durch eine Meldung auf dem Bildschirm und/oder ein akustisches Signal.

Je nach Software gibt es noch viele weitere angenehme Funktionen. Selbst wenn Sie einen Kalender im PC führen, ist im Sekretariat ein Papierkalender immer noch für einige Einsatzbereiche sinnvoll: zum Beispiel ein Wandkalender, der allen Mitarbeitern (und Ihnen) auf einen Blick die wichtigsten Ecktermine verrät, oder ein Tischkalender, in dem Sie unbürokratisch eigene Merkhilfen notieren ...
Deshalb lohnt sich auf jeden Fall ein Blick in die Regale des Bürobedarfhandels:

**CHECK: PAPIERKALENDER**

| ✔ | | |
|---|---|---|
| | *Bindung* | Ein fest gebundenes Buch ist zwar unflexibel, dafür entfernen Sie jedoch im Allgemeinen keine Seiten und haben so alles sicher.<br>Ein Ringbuch ist flexibler und bietet die Möglichkeit, auch eigene Notizen oder Dokumente einzuheften. (Achtung: Oft benötigen Sie dann einen (teuren) Speziallocher!)<br>Spiralbindungen reißen leicht aus, sind aber meist besser zu blättern als Klebebindungen. |
| | *Tages-/ Wochen-/ Monatsformat* | Grundregel: So viel wie nötig, aber auf jeden Fall so klein wie möglich! Wenn Sie pro Tag weniger Platz haben, heißt das gleichzeitig, dass mehr Tage auf eine Seite passen: Sie haben dann eine bessere Übersicht über die Woche oder sogar den Monat. |

| | | |
|---|---|---|
| | | Benötigen Sie sehr viel Platz für stündliche Eintragungen und zusätzliche Notizen? – Dann sollte für jeden Tag mindestens eine Seite (DIN A5 bis 4) zur Verfügung stehen. Am besten bereits mit vorgedruckter Stundeneinteilung.<br>Falls Sie eher einen Überblick über die Woche benötigen und mit weniger Platz pro Tag auskommen, gibt es Formate mit einer Woche pro Doppelseite.<br>Falls Sie nur sehr wenig Eintragungen machen, kommen Sie vielleicht sogar mit einer Monatsansicht pro Doppelseite zurecht (dann benötigen Sie allerdings oft ein DIN-A4-Format). |
| | *Übersichten* | Grundregel: So wenig wie möglich!<br>In den meisten Kalendern sind zusätzliche Monats- und/oder Jahresübersichten enthalten. Diese können Sie natürlich sehr gut nutzen, um sich einen Überblick zu verschaffen – allerdings müssen sie dann auch gepflegt werden. Immer dann, wenn Sie sich entscheiden, eine dieser Übersichten zu nutzen, müssen Sie einkalkulieren, dass Sie vieles zweimal schreiben!<br>Entscheiden Sie sich vorher: Was soll hier eingetragen werden? Was nicht?<br>Vielleicht ist für eine Übersicht auch ein anderes Kalenderformat sinnvoller. |
| | *Wandkalender* | Natürlich enthalten Wandkalender nur solche Daten, die jeder sehen darf beziehungsweise sollte! Beliebt sind Wandkalender vor allem für die Planung von Projekten, für An- und Abwesenheitszeiten, Geburtstage, Jubiläen und Feste oder andere allgemein interessante Termine. Ein großer Übersichtskalender hilft, wichtige Eckdaten auf einen Blick zu erfassen und Informationen allen zugänglich zu machen. |
| | *Tischkalender* | Tischkalender mit einer Wochenübersicht sind im Sekretariat sehr beliebt für eigene Notizen und die Planung von Fristen. |

| | | |
|---|---|---|
| | | Sie haben allerdings den Nachteil, dass sie pro Tag eigentlich viel zu wenig Platz bieten, sodass der einzelne Tag schnell „voll" ist. Außerdem kann im Grunde jeder die Einträge sehen, was nicht immer wünschenswert ist. Oft ist dann die bessere Alternative ein „normaler" Buchkalender, der schnell zugeklappt werden kann und den Sie in jedem benötigten Format erhalten. |
| | *Schreibtisch-unterlage* | Ein Kalender als Schreibunterlage ist eigentlich nur demjenigen zu empfehlen, der nichts an seinem Schreibtisch macht. Andernfalls verdeckt die aktuelle Aufgabe sämtliche Eintragungen. Weg damit! |
| | *Taschen-kalender* | Oft wird ein zusätzlicher Taschenkalender geführt, in dem private und vielleicht auch einige geschäftliche Termine notiert sind (zum Beispiel Dienstreisen oder Schulungen). Wägen Sie immer sorgfältig ab, ob Sie diesen zusätzlichen Kalender wirklich brauchen, denn dadurch müssen Sie nicht nur einiges doppelt eintragen, sondern auch vieles doppelt nachsehen! Sollten Sie einen privaten Kalender benötigen, dann vermischen Sie ihn möglichst wenig mit dem geschäftlichen: Ein Eintrag sollte immer nur entweder in dem einen oder dem anderen Kalender stehen. |

Eine ähnliche Liste könnte auch für unterschiedliche Software (Kalenderprogramme) und Hardware (Notebooks, Laptops) aufgestellt werden. Allerdings würde ein solcher Vergleich zum einen den Umfang dieses Buches sprengen und zum anderen schnell nicht mehr aktuell sein: Informieren Sie sich über die elektronischen Möglichkeiten am besten im Internet oder in Fachzeitschriften. Achten Sie dabei auch auf:

- die *Sicherheit*: Ist das System stabil? Sind die Daten vor Fremdzugriff geschützt?
- die *Schnittstelle* und *Kompatibilität*: Können die Daten schnell und einfach ausgetauscht werden?
- die *Benutzerfreundlichkeit*: Für wen welches Programm geeignet ist, hängt entscheidend davon ab, wie viel Erfahrung mit und Spaß an Com-

putern der Benutzer hat! Manchmal ist ein schlichteres Programm die bessere Wahl.

- die *Druckmöglichkeiten*: In welchen Formaten können die Daten ausgedruckt werden?

### Fristen und Wiedervorlagen: Wie sorgen Sie für Pünktlichkeit?

Wiedervorlagesysteme gibt es in Hülle und Fülle – und ebenso breit gefächert ist ihr Anwendungsfeld. Beim Thema Wiedervorlage geht es nicht nur um die Wiedervorlage von Dokumenten und nicht nur um die Wiedervorlage für andere: Es ist auch Ihr persönliches System gemeint, die Art und Weise, wie Sie sich selbst an eigene Fristen erinnern. Je nach Anwendungsbereich eignen sich bestimmte Hilfsmittel besonders gut. Allerdings gilt auch hier: Was für den einen funktioniert, muss beim anderen nicht die Optimallösung sein. Deshalb sind am Ende dieses Kapitels die gängigsten Wiedervorlage-Tools noch einmal zusammengefasst.
Das beste Mittel jedoch nützt nichts, wenn der Zweck unklar ist, und so schlummert manche Wiedervorlagemappe auf dem Schreibtisch still vor sich hin, ohne dass ihrem Besitzer die Möglichkeiten dieses Hilfsmittels jemals klar geworden sind. Viele Anwendungsbereiche der Wiedervorlage sind besonders für Vorgesetzte und Mitarbeiter geeignet. Eine gut eingeführte Wiedervorlagemappe im Chefbüro spart der Sekretärin eine Menge Zeit!

#### WANN GEHÖRT ETWAS AUF WIEDERVORLAGE?

Der naheliegendste Anwendungsbereich für eine Wiedervorlage ist, dass Dokumente und *Daten zu bestimmten Terminen* gesammelt werden, sodass Sie für jeden Tag jeweils die Unterlagen vorliegen haben, die Sie brauchen:

- die Unterlagen für die Besprechung mit Herrn Müller (zum Beispiel Protokoll der letzten Sitzung, Korrespondenz, Agenda, Auswertungen ...)
- die Präsentation für den Vortrag nächsten Mittwoch (zum Beispiel Folien, Skript, Agenda, Teilnehmerliste ...)
- die Dokumente für die Dienstreise in zwei Wochen (zum Beispiel Tickets, Reisecheckliste, Unterlagen, Wegbeschreibung, Telefonliste der Ansprechpartner ...)
- und vieles mehr

Dabei müssen Sie sich bereits das erste Mal entscheiden, wie Sie mit der Wiedervorlage umgehen: Legen Sie die Dokumente für die Besprechung auf den Tag der Besprechung oder auf einen etwas früheren Termin – damit sich der Betreffende noch in Ruhe vorbereiten kann?

Beides hat Vor- und Nachteile: Wenn Sie etwas exakt auf Termin legen, wird es vielleicht zu spät berücksichtigt (bis dahin ist es aus den Augen und aus dem Sinn!). Wenn Sie etwas *nicht* auf den Termin legen, kann es sein, dass Sie es bei Bedarf erst umständlich suchen müssen: Haben Sie es ein, zwei, drei Tage oder etwa eine Woche vorher abgelegt? Der einfachste Ausweg ist:

> Legen Sie alles zu einem Termin auf den Tag des Termins.
> Legen Sie Erinnerungen an diesen Termin als Notiz auf einen früheren Termin.

Für diesen Zweck eignet sich bei einer Papier-Wiedervorlage ein einfacher DIN-A4-Zettel mit der entsprechenden Notiz. Bei elektronischer Wiedervorlage können Sie im Allgemeinen sogar eine Verknüpfung einfügen, die auf den Termin verweist. So finden Sie die Unterlagen jederzeit wieder und werden trotzdem vorher daran erinnert. (Mehr zu Verweisen und Stellvertretern im Kapitel 2, Abschnitt „Dokumentenmanagement im Arbeitsbereich", ab Seite 46)

Des Weiteren eignet sich die Wiedervorlage sehr gut, um *wartende Dokumente* unterzubringen:

**ZUVERLÄSSIGE VORAUSSAGEN**

- die Bestellung, die in einer Woche eintreffen soll
- der Antrag, der erst nächsten Monat eingereicht werden kann
- die Gesprächsnotiz, die Sie Ihrem Kollegen nach seinem Urlaub persönlich geben möchten …

Gerade in diesem Bereich können Sie die Wiedervorlage auch für Ihr persönliches Zeitmanagement nutzen:

> Legen Sie eine Notiz zu einer Aufgabe, die im Moment zurückstehen muss, ein Ziel, das Sie gerade nicht weiter verfolgen können, auf Wiedervorlage.

So werden Sie rechtzeitig wieder daran erinnert, ohne viel Aufwand betreiben zu müssen, und haben es trotzdem zunächst „vom Tisch".

Gut geeignet für die Wiedervorlage ist auch alles, was Sie *„im Blick" behalten* sollten und deshalb *noch nicht endgültig abheften* können, alles, an das Sie sich (oder andere) von Zeit zu Zeit erinnern möchten:

- eine Aufgabe, bei der Sie noch auf Rückmeldung oder Zuarbeit von anderen warten
- eine Rechnung, für die Sie noch keinen Zahlungseingang verbuchen können
- eine langfristige Aufgabe, an der Sie immer wieder einmal weiterarbeiten möchten
- ein Problem, für das Sie noch keine Lösung gefunden haben, das Sie aber im Hinterkopf behalten möchten

Auch wenn es darum geht, fehlende Informationen oder Arbeitsergebnisse rechtzeitig oder regelmäßig *anzumahnen*, erleichtert die Wiedervorlage Ihnen das Leben.
Nicht nur die Disziplin der anderen können Sie damit überwachen, sondern sogar Ihre eigene:

> „Schleppen" Sie Aufgaben, die Sie vor sich herschieben, bewusst in Ihrer Wiedervorlage mit, anstatt sie allzu weit wegzulegen oder wegzuheften.

So haben Sie die Dokumente oder Notizen immer wieder in der Hand und können das Unerledigte viel schwerer verdrängen oder vergessen. Das ist zwar einerseits ein Zeitfresser, andererseits können Sie sich (oder andere) so vielleicht dazu bringen, die Sache endlich zu erledigen: Wägen Sie ab, was jeweils wichtiger ist.

## HILFSMITTEL FÜR DIE WIEDERVORLAGE VON PAPIER

- *Mappen* – der klassische Pultordner von 1 bis 31 (für die Tage) und von 1 bis 12 für die Monate: Sie eignen sich sehr gut bis zu einer gewissen Papiermenge. Bei zu viel Wiedervorlage werden sie unhandlich. Tipp: Der Pultordner gehört (wie der Name schon sagt) *auf* den Schreibtisch, wo Sie ihn immer griffbereit und in Sichtweite haben.
- *Register* – ein Hängeregister im Schreibtisch oder ein mobiles Hängeregister (jeweils mit Reitern von 1 bis 31 und Reitern für die Monate): Hängeregister bieten erheblich mehr Platz als Mappen. Außerdem haben Register den Vorteil, dass Sie die aktuelle Mappe herausnehmen und auf den Schreibtisch legen (oder weitergeben) können. Das Register sollte allerdings immer mit einem Griff zu erreichen sein: Wenn Sie erst eine

Schublade dafür aufziehen oder einen Schrank dafür öffnen müssen, kostet Sie das im Laufe des Tages sehr viel Zeit!

Eine Verbindung aus Mappen- und Registersystem finden Sie beim Hersteller Mappei (www.mappei.de).
Ein Tipp zur Papiervorlage: Legen Sie Dokumente generell in Prospekthüllen ab – so gerät nichts durcheinander und die einzelnen Pakete sind leichter zu ordnen! Sobald Sie eine Notiz auf einem gesonderten Zettel hinzufügen, sorgt eine Prospekthülle zusätzlich dafür, dass der Zettel nicht verloren geht.

### HILFSMITTEL FÜR DIE WIEDERVORLAGE VON DATEN

- Hierfür kommt so gut wie jede *Kalendersoftware* infrage: In der Regel bieten sie die Möglichkeit, Dokumente mit einem Termin oder einer terminierten Aufgabe zu verknüpfen.

- Darüber hinaus gibt es auf *Dokumentenmanagement* spezialisierte Software, die in der Regel auch Wiedervorlagefunktionen enthält (zum Beispiel ELO von Leitz).

Ein Tipp für die Wiedervorlage von Dateien: Wenn Sie wenig elektronische Wiedervorlage haben, ist es oft sicherer, diese Funktion in die Papierwiedervorlage einzugliedern, statt ein gesondertes System zu pflegen. Dann brauchen Sie nur an *einer* Stelle nachzusehen! Legen Sie einfach eine entsprechende Notiz in Ihrer Papiervorlage ab.

### Arbeiten unter Zeitdruck: Wie bleiben Sie ruhig und souverän?

Trotz aller Planung und Organisation wird es im Sekretariat immer wieder Situationen geben, in denen die Zeit drängt: Jemand hat etwas zu spät abgeliefert, mehrere dringende Aufgaben kommen auf einmal, in letzter Minute versagt die Technik oder ändern sich die Vorgaben ...
Für die einen bedeutet so eine Situation unangenehmen Stress, für andere nicht – woran liegt das?
Jeder versteht etwas anderes unter „Stress“: Für manche bedeutet es eher „viel zu tun“, für andere bedeutet es „etwas nicht schaffen“, für Dritte bedeutet es Kopfschmerzen am Abend.
Jeder Mensch verfügt über ein ähnliches biologisches Stressmuster, über eine körperliche Stressreaktion, die uns angeboren ist. Wann und wie stark diese Reaktion eintritt, hängt nicht nur von der objektiven Situation ab, sondern wesentlich von den subjektiven Gefühlen und Gedanken des Einzelnen. Trotz individueller Unterschiede sind uns die meisten Symptome jedoch gemeinsam.

## STRESS-SYMPTOME

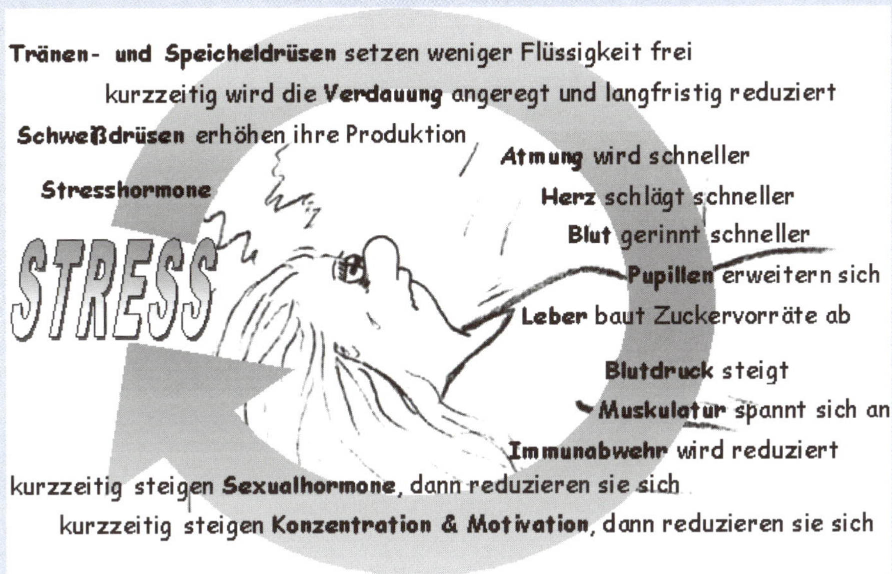


Diese Reaktion ist normal und natürlich. Unser Körper ist darauf eingestellt, dass der Energielevel im Laufe des Tages schwankt. Allerdings ist er nicht darauf eingestellt, dass der Level *ständig hoch bleibt*! Je nach Typ, nach Tagesform, nach körperlicher Verfassung sind die einzelnen Symptome bei Ihnen mehr oder weniger stark. Vielleicht erkennen Sie sie auch erst im Nachhinein, wenn zum Beispiel die ständige Muskelanspannung zu Spannungskopfschmerz geworden ist oder wenn am Wochenende oder im Urlaub Ihr Immunsystem resigniert zusammenbricht.

Viele Auswirkungen von ständigem Stress zeigen sich auch erst nach einiger Zeit: Embolien oder Schlaganfälle (Blutgerinnung), Herz- und Blutdruckerkrankungen, Haltungsschäden, Durchblutungsstörungen, Krebs, Magengeschwüre ...

Chronischer Stress macht krank!

Etwas Stress und Aufregung ab und an sind nicht ungesund – im Gegenteil: Vieles weist darauf hin, dass Stress in Maßen sogar besser ist als gar kein Stress. Stress im Übermaß allerdings wird sich früher oder später auf Ihre Gesundheit auswirken. Wichtig ist, dass der Stress nicht zu häufig und nicht zu lange auftritt und dass Sie sich danach erholen und entspannen können.

Gesunder Stress ist:
- gelegentlicher Stress
- kurzer Stress
- bewältigter Stress

Selbst wenn Sie Ihren Stress im Nachhinein gut bewältigen, bleibt das Problem, dass Sie unter Druck in der Regel nicht mehr so geplant und kreativ denken können: In Stresssituationen werden leichter Fehler gemacht, arbeiten die meisten weniger effizient.

Stress ist ein Zeitfresser!

Wenn Sie etwas gegen Stress und Hektik tun möchten, können Sie im Wesentlichen an drei Stellen ansetzen: *Vorbeugung* gegen Stress, *Umgang* mit Stress und schließlich Stress*bewältigung*.

## ANTI-STRESS-TIPPS

| | |
|---|---|
| *Vorbeugung* | • Zeitmanagement und Selbstorganisation optimieren (zum Beispiel Zeiten realistischer planen, Neinsagen üben, Aufgaben besser organisieren ...)!<br>• Tätigkeiten bewusst anfangen und bewusst abschließen!<br>• Nach Möglichkeit immer nur eine Aufgabe gleichzeitig erledigen!<br>• Auf Stresssymptome achten und rechtzeitig etwas unternehmen: zum Beispiel durch eine kurze Unterbrechung der Arbeit (Toilette, Botengänge, Tee kochen, Telefonat ...) – nach Möglichkeit kurz die Umgebung wechseln!<br>• Weniger Kaffee und schwarzen Tee, mehr Wasser oder zum Beispiel grünen Tee (sanft anregend) oder Rotbuschtee (beruhigend) trinken!<br>• Regelmäßig kleine Pausen machen!<br>• Körperlich fit halten (Sport, Bewegung, gesunde und regelmäßige Malzeiten ...)!<br>• Eine positive Einstellung zur Arbeit haben (überlegen Sie sich, warum Sie Ihren Beruf gerne haben, was für Vorteile er hat; erleben Sie schöne Momente bewusst)! |

| | |
|---|---|
| | • Sich die eigenen Stärken und Leistungen bewusst machen (überlegen Sie sich, was Sie gut können und was Sie gut gemacht haben)!<br>• Probleme angehen, statt sie zu verdrängen! |
| *Umgang* | • Positiv denken:<br>Statt „Das schaffe ich nie" besser: „Mal sehen, wie weit ich komme."<br>Statt „Das darf nicht sein" besser: „Das ist nun mal so."<br>Statt „Nicht aufregen" besser: „Ruhig bleiben."<br>Statt „Schnell, schnell ..." besser: „Eins nach dem anderen."<br>• Überblick verschaffen: Arbeiten Sie nicht sofort drauflos, sondern ordnen Sie erst einmal Aufgaben und Gedanken!<br>• An etwas Schönes denken (Urlaub, Feierabend, ...) oder ein beruhigendes Bild betrachten!<br>• Aus dem Fenster schauen, lüften oder sogar kurz an die frische Luft gehen!<br>• Bewusst langsam und tief atmen (nach Möglichkeit frische Luft statt Nikotin!)!<br>• Langsam arbeiten: Versuchen Sie für ein paar Minuten, alles etwas langsamer statt etwas schneller zu tun!<br>• Reden: Reden Sie sich Probleme bei jemandem von der Seele oder plaudern Sie zwischendurch einmal über etwas ganz anderes!<br>• Dehnübungen, Gähnen, Kauen und Lächeln helfen gegen Stress!<br>• Zwischendurch aufstehen und sich bewegen!<br>• Im Stress eher etwas „Leichtes" essen!<br>• Im Stress Nahrung und Getränke mit Säure oder Koffein meiden! (Kaffee, schwarzer Tee, aber auch Obst und Früchtetees sind ungünstig – lieber Gemüse und Wasser) |
| *Bewältigung* | • Bewegung, Bewegung, Bewegung (Sport, spazieren gehen, etwas körperlich Anstrengendes erledigen ...) – auf keinen Fall resigniert auf dem Sofa zusammensacken: Das macht alles noch schlimmer! |

- Etwas Angenehmes tun (alles, was Ihnen besonders viel Spaß macht, womit Sie sich selbst eine Freude machen können)!
- Etwas für den Körper tun: Sauna, heißes Bad, Schlafen ... !
- Gedanklich mit dem Problem abschließen (mit jemandem darüber reden, es aufschreiben ...)!
- Entspannungsverfahren erlernen und anwenden (autogenes Training, Yoga, progressive Muskelentspannung ...)!
- Nach einer Stresssituation eine Pause machen (am besten mit Bewegung!), bevor es weitergeht!
- Alkohol und Medikamente helfen nur scheinbar – auf lange Sicht vergrößern sie nur das Problem!

Neben zahlreichen Entspannungsverfahren gibt es unendlich viele persönliche Möglichkeiten, etwas gegen Stress zu tun: Dem einen hilft es, die Büropflanzen zu gießen, dem anderen hilft es, Papier zu zerknüllen, die Treppe rauf und runter zu laufen, auf eine blaue Wand zu starren ... Was tun Sie gegen Ihren Stress?

## Managen Sie die Zeit anderer

### Terminkoordination: Wie planen Sie für andere?

Im Grunde koordinieren Sie die Zeit anderer nach den gleichen Regeln wie Ihre eigene Zeit. Das heißt, Sie können alle bisher beschriebenen Grundlagen und Techniken auch auf andere übertragen: Sorgen Sie damit zum Beispiel dafür,

- dass andere mit einem Blick auf den Schreibtisch ihre To-dos erkennen;
- dass auch Ihre Kollegen und Vorgesetzten Zeitfresser identifizieren und bekämpfen;
- dass auch die anderen durch Auswahl geeigneter Hilfsmittel Zeit und Mühe sparen.

Bei einigen Aspekten der Zeitplanung geht die Planung für andere allerdings über die bisher besprochenen Regeln hinaus:

#### ZEITDAUER KALKULIEREN

Die Dauer der einzelnen Tätigkeiten oder Veranstaltungen muss nicht nur realistisch, sondern auch *individuell* und *situativ* angemessen eingeschätzt werden (siehe Kapitel 3, Abschnitt „Wie viel Zeit ist planbar? Wie viel sollten Sie verplanen?", Seite 83). Die Größe des Puffers, den Sie für andere einplanen, hängt entscheidend von der Art der Veranstaltung und den Wünschen des anderen ab: Wie wichtig ist Pünktlichkeit (bei diesem Termin und für diesen Menschen)? Was könnte dazwischenkommen? Sollte ein fester Zeitpunkt als Ende vorgesehen werden? Oder ist das Ende offen? Wie zuverlässig nimmt derjenige Termine wahr? Wie viel Spielraum haben Sie im Terminplan des anderen? ... Sobald Sie Zeit für andere großzügig planen (das heißt für ein angemessenes Zeitpolster sorgen), sollten Sie diejenigen darüber *informieren*: Es könnte sonst schnell der Eindruck entstehen, dass Sie von falschen Voraussetzungen ausgehen! *Fragen* Sie am besten nach, wie die Termine gesetzt werden sollen: Knapp und riskant oder großzügig und realistisch?

## TAGESRHYTHMUS

Der Tagesrhythmus des anderen ist wichtig bei der Entscheidung, welche Tageszeit Sie für eine interne Besprechung wählen, wann ein Kundengespräch günstig ist, wann Sie Raum für Büroarbeit einplanen ... (siehe Kapitel 3, Abschnitt „Tagesplanung im Tagesrhythmus", Seite 86). Dazu gehört zunächst einmal, dass Sie wichtige Gespräche für einen Zeitraum einplanen, zu dem sich alle gut *konzentrieren* können. Darüber hinaus sollte auch das *„Tagesgeschäft"* eine Rolle spielen: Wann wird meistens nach dem Mitarbeiter verlangt – persönlich oder auch am Telefon? Zu diesen Zeiten wäre es nicht günstig, einen anderen Termin zu vereinbaren ... Oft wird der Tagesrhythmus auch bewusst genutzt, um Gespräche *abzukürzen*: Termine vor der Mittagspause oder kurz vor Feierabend dauern der Erfahrung nach bei weitem nicht so lange wie Termine, die am frühen Nachmittag beginnen!

## PRIORITÄTEN KLÄREN

Erfragen Sie Wünsche und Prioritäten, damit Sie selbstständig Entscheidungen treffen können: Wie wichtig ist der Termin? Was kann dafür zurückgestellt werden? Genau wie bei Ihrer eigenen Planung spielt hier nicht nur die Dringlichkeit und Wichtigkeit, sondern auch der erwartete Aufwand eine Rolle (siehe Kapitel 2, Abschnitt „Wie setzen Sie Prioritäten?", Seite 53) Vielleicht hängen andere Termine oder Tätigkeiten hiervon ab? Vielleicht warten andere Mitarbeiter auf die Ergebnisse?

## INFORMATIONFLUSS

Termine für andere können Sie nur dann sinnvoll koordinieren, wenn der Informationsfluss und -austausch zwischen den Beteiligten stimmt: Sie müssen wis-

sen, was genau sich derjenige vorstellt und in welchem Zusammenhang die Termine stehen.
Falls Sie oft Termine für jemand anderen vereinbaren, dann ist eine regelmäßige Besprechung Voraussetzung für den Erfolg.

Vereinbaren Sie nach Möglichkeit einmal täglich einen festen Besprechungstermin, um Informationen auszutauschen und abzugleichen.

Bewährt hat sich dafür ein fester Termin am Morgen, bei dem auch die Post durchgegangen wird und andere Aufgaben für den Tag besprochen werden können. Falls der Betreffende viel unterwegs ist, kann auch ein Telefontermin vereinbart werden.
Falls ein täglicher Termin nicht möglich ist, sollte zumindest zwei- bis dreimal in der Woche eine Besprechung stattfinden. Sonst fehlen die Informationen und es kommt zu Missverständnissen, Verzögerungen oder einfach unangenehmen Situationen.
Besonders schwierig war schon immer die Aufgabe, eigenständig vereinbarte Termine mit den von der Sekretärin vereinbarten Terminen in Einklang zu bringen: Sie finden zum Beispiel endlich einen Tag, an dem alle Projektmitarbeiter zur Besprechung kommen können, und zwei Stunden später erfahren Sie, dass Ihr Vorgesetzter bei seinem Kundenbesuch gerade einen anderen Termin für die gleiche Zeit vereinbart hat ...

Vereinbaren Sie, wer die „Terminhoheit" hat!

In manchen Fällen ist das ausschließlich die Sekretärin – der Vorgesetzte vereinbart dann Termine nur nach Rücksprache mit dem Sekretariat. In anderen Fällen ist das ausschließlich der Vorgesetzte – die Sekretärin lässt sich für Terminanfragen höchstens Vorschläge geben. In vielen Fällen wird eine Mischung aus beidem praktiziert. Dann ist es allerdings oft schwer, eine klare Regelung zu finden, bei der es keine Missverständnisse und Überschneidungen gibt. In jedem Fall müssen die Termine miteinander abgeglichen werden.

Einigen Sie sich gemeinsam auf angemessene Hilfsmittel für die Zeit- und Terminplanung und den Informationsaustausch.

Dabei kommen natürlich die verschiedenen *Papierkalender*varianten (siehe Kapitel 3, Abschnitt „... Hilfsmittel: Welcher Kalender ist der richtige?", Seite 9), *Wiedervorlagen* (Kapitel 3, Abschnitt „Hilfsmittel für die Wiedervorlage von Papier", Seite 103) und *Notiz*varianten (Kapitel 2, Abschnitt „Übersichtliche

Notizen: Wie notieren Sie für andere?“, Seite 69) infrage. Viel besser geeignet ist allerdings für die Arbeit im Team eine *elektronische Lösung*, ein elektronischer Kalender.

> Planen Sie Termine im Team nach Möglichkeit mithilfe des Computers auf einem gemeinsamen Laufwerk oder per Internet beziehungsweise Intranet!

Der Vorteil ist, dass der andere *sofort* sieht, dass sich ein Termin geändert hat oder dass etwas neu eingetragen wurde. Nichts muss doppelt geschrieben, kopiert oder abglichen werden ... Der einzige Nachteil ist, dass elektronische Kalender nur funktionieren, solange sie von beiden Seiten gepflegt und genutzt werden: Setzen Sie sich durch und machen Sie die Vorteile dieses Mediums deutlich! (Siehe auch Kapitel 5, Abschnitt „Erziehung“, Seite 139 und Kapitel 4, Abschnitt „Muss ich das selbst tun?“, Seite 118.)

### Besprechungsmanagement: Wie organisieren Sie Meetings schnell und professionell?

Jede Besprechung ist im Grunde ein kleines „Event“ mit allen Aufgaben, die bei der Vorbereitung einer Veranstaltung eine Rolle spielen: Der Raum muss vorbereitet und die Bewirtung muss organisiert werden – die Protokollführung muss festgelegt und Unterlagen müssen zusammengestellt werden ... Es würde an dieser Stelle zu weit führen, alles rund um das Thema Veranstaltungen zu beschreiben. Tipps, Techniken und Checklisten für das Veranstaltungsmanagement finden Sie stattdessen in einem weiteren Titel dieser Buchreihe: „Events und Veranstaltungen perfekt organisieren“ (Sabine Birven/Claudia Behrens-Schneider, verlag moderne industrie 2003).
Wenn es hier speziell um die zeitsparende Organisation einer Besprechung geht, dann spielen vor allem zwei Aspekte eine Rolle: angemessene Routinen und eine effiziente Methode zur Terminvereinbarung.

## ROUTINEN

Feste Gewohnheiten sind bei Besprechungen besonders nützlich, da die meisten Aufgaben immer wiederkehren. Die einfachste Art, wiederkehrende Aufgaben zu erledigen, ist, sie immer auf die gleiche Art und Weise abzuarbeiten. (Mehr zum Thema Routinen im Kapitel 3, Abschnitt „... Routine: Wie gestalten Sie Ihren Alltag?“, Seite 90) Solche Routinen legen den Einsatz von Checklisten nahe (siehe Kapitel 2, Abschnitt „Checklisten“, Seite 40): Mit selbst erstellten Checklisten haben Sie schnell einen Überblick über alles, was Sie berücksichtigen oder erledigen sollten.

Sie entlasten Ihr Gedächtnis und Sie können Aufgaben vielleicht sogar an andere delegieren – inklusive der abzuarbeitenden Checkliste als „Gebrauchsanweisung“!

## GEMEINSAME TERMINE FINDEN

Terminvereinbarungen für Besprechungen sind dann schwer zu treffen, wenn viele der Teilnehmer bereits einen vollen Kalender haben. Falls alle Eingeladenen ein gemeinsames PC-*Kalendersystem* benutzen, auf das Sie Zugriff haben, ist ein Termin (oder zumindest ein Terminvorschlag) schnell gefunden. Falls nicht, dann müssen Sie diese Informationen erst zusammentragen. Das ist immer mit Aufwand verbunden, weshalb bei mehreren zusammenhängenden Sitzungen der nächste Termin immer bereits während oder nach dem Meeting *direkt vereinbart* werden sollte – solange die Betroffenen noch persönlich anwesend sind. Mit telefonischen Anfragen im Nachhinein verlieren Sie viel Zeit, da Sie jeden mindestens einmal und viele wahrscheinlich mehrmals anrufen müssen. Die einfachste Lösung ist dann eine *Terminvorgabe* „von oben“ – sofern der Einladende diese Entscheidung treffen kann. Sonst ist die beste Methode eine *Anfrage per Fax* oder *E-Mail*: „Wann haben Sie keine Zeit?“ Durch einen Vergleich der Antworten kommen Sie mit minimalem Aufwand zu einem Termin, an dem die meisten können beziehungsweise an dem die wenigsten nicht können.
Setzen Sie für die Antwort auf jeden Fall einen „Einsendeschluss“ fest. Der Erfahrung nach gewöhnen sich die meisten schnell an diese Art der Terminvereinbarung – besonders wenn am anderen Ende ebenfalls eine Sekretärin sitzt!

## FORMULAR FÜR EINE TERMINANFRAGE

Schraffieren Sie bitte die Zeiträume, die in der KW ___ für Sie **<u>nicht</u>** in Frage kommen:

| | Montag | Dienstag | Mittwoch | Donnerstag | Freitag |
|---|---|---|---|---|---|
| 08:00 | | | | | |
| | | | | | |
| 09:00 | | | | | |
| | | | | | |
| 10:00 | | | | | |
| | | | | | |
| 11:00 | | | | | |
| | | | | | |
| 12:00 | | | | | |
| | | | | | |
| 13:00 | | | | | |
| | | | | | |
| 14:00 | | | | | |
| | | | | | |
| 15:00 | | | | | |
| | | | | | |
| 16:00 | | | | | |
| | | | | | |
| 17:00 | | | | | |

## IHR ERFOLGSTAGEBUCH ZUM TERMINMANAGEMENT

| Kapitel | ✔ | To do | (Bis)Wann? | Status-Notizen |
|---|---|---|---|---|
| *Tages-plan S. 83* | | | | |
| | | | | |
| | | | | |
| | | | | |
| *Routine S. 90* | | | | |
| | | | | |
| | | | | |
| | | | | |

| Kapitel 🕮 | ✔ | To do ➨ | (Bis)Wann? 🕓 | Status-Notizen ✎ |
|---|---|---|---|---|
| *Planen im Voraus S. 92* | | | | |
| | | | | |
| | | | | |
| | | | | |
| *Kalender S. 96* | | | | |
| | | | | |
| | | | | |
| | | | | |
| *Wieder-vorlage S. 101* | | | | |
| | | | | |
| | | | | |
| | | | | |
| *Stress S. 104* | | | | |
| | | | | |
| | | | | |
| | | | | |
| *Termin-koordi-nation S. 108* | | | | |
| | | | | |
| | | | | |
| | | | | |
| *Bespre-chungs-planung S. 111* | | | | |
| | | | | |
| | | | | |
| | | | | |
| | | | | |
| | | | | |
| | | | | |
| | | | | |
| | | | | |
| | | | | |
| | | | | |

# 4 Kürzen und kontrollieren: Die Zeitfresser im Griff

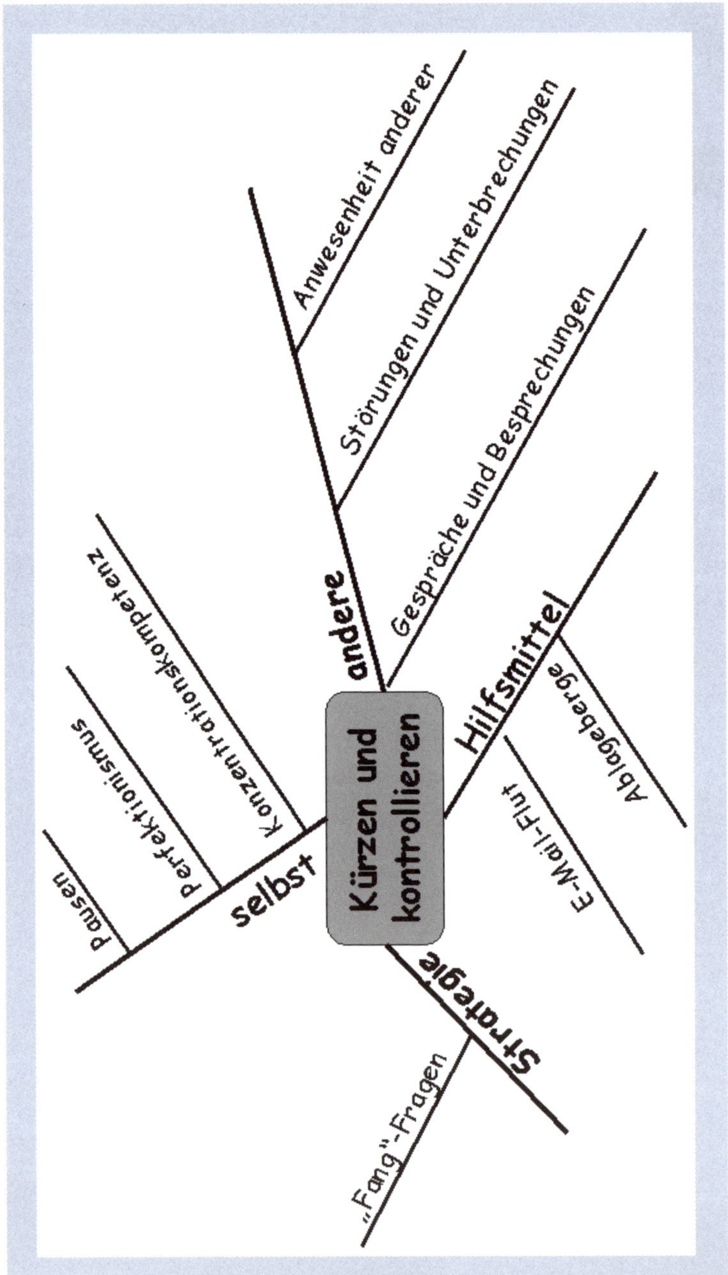
Kürzen und kontrollieren
andere
Anwesenheit anderer
Störungen und Unterbrechungen
Gespräche und Besprechungen
Hilfsmittel
Ablageberge
E-Mail-Flut
Strategie
„Fang"-Fragen
selbst
Konzentrationskompetenz
Perfektionismus
Pausen

## Ein paar Gedanken zum Kürzen und Kontrollieren

Warum steht dieses Kapitel (fast) am Ende des Buches? Besteht nicht Zeit- und Selbstmanagement im Wesentlichen daraus, Dinge schneller oder effizienter zu erledigen, um dadurch Zeit zu sparen?
Nein, im Gegenteil: Wenn Sie allein an Ihren Zeitfressern arbeiten, wenn Sie versuchen, Ihre Arbeit „nur" schneller zu erledigen, werden Sie keinen dauerhaften Erfolg haben. Sie kurieren nur die akuten Symptome und bleiben doch chronisch krank. Die größten Zeitfresser sind im Allgemeinen nicht einzelne Tätigkeiten, sondern Ihre grundsätzliche Arbeitsorganisation und Zeiteinteilung.

Wichtiger als die Aufdeckung und Bekämpfung von „Zeitdieben" ist eine zielorientierte Arbeitsweise mit den richtigen Hilfsmitteln.

Allerdings bleiben trotzdem immer wieder ein paar Tätigkeiten, bei denen Sie sich fragen werden: Muss das so viel Zeit verschlingen?

| *Haben Sie Ihre Zeitfresser im Griff?* | *ja* | *eher ja* | *eher nein* | *nein* | *Mehr ab Seite* |
|---|---|---|---|---|---|
| Ich verbringe zu viel Zeit mit Gesprächen und Diskussionen. | | | | | 120 |
| Ich kann nicht effektiv arbeiten, da ich dauernd gestört werde. | | | | | 121 |
| Ich ersticke in E-Mails. | | | | | 122 |
| Es stört mich, dass meine Zeit nicht ausreicht, um alles perfekt zu erledigen. | | | | | 125 |
| Ich verbringe zu viel Zeit mit der Ablage von oder der Suche nach Dokumenten. | | | | | 127 |
| Die Gespräche anderer in meinem Büro stören meine Konzentration. | | | | | 129 |
| Mir bleibt keine Zeit für Pausen und zur Regeneration. | | | | | 131 |

## Zeitfresser jagen: Die Strategie

Sie lauern überall, die Zeitfresser. Sobald das Wort einmal ausgesprochen ist, kann sich jeder sogleich etwas darunter vorstellen: Das Telefon frisst meine Zeit, meine Kollegen fressen meine Zeit, mein Chef frisst meine Zeit, der Computer frisst meine Zeit ...

Aber sind das wirklich Zeitfresser? Was ist das eigentlich, ein Zeitfresser?

Mit vier einfachen Fragen können Sie Ihre Zeitfresser „aufscheuchen"! Die erste Frage lautet:

### Muss das überhaupt sein?

Natürlich sollten Sie diese Frage nicht laut aussprechen, denn dann ist die Antwort in der Regel ein eher ärgerliches „Ja, natürlich!".

Zunächst fragen Sie sich das nur selbst: Ist diese Tätigkeit nützlich? Bringt sie irgendwelche Vorteile? Was würde geschehen, wenn Sie das einfach lassen würden?

Mit dieser Frage „fangen" Sie auffällige Zeitfresser, nämlich die Tätigkeiten, die Sie schlicht *wegrationalisieren* sollten.

> Wenn es nicht getan werden muss, dann tun Sie es auch nicht!

(Tipps zum „Neinsagen" finden Sie im Kapitel 2, Abschnitt „Wie sagen Sie Nein?", ab Seite 66).

Ganz bestimmt gibt es bei Ihnen auch Zeitfresser, die zwar grundsätzlich erledigt werden müssen, aber die mit der zweiten Frage „gestellt" werden können:

### Muss ich das selbst tun?

Sie lesen diese Kapitel wahrscheinlich, weil Sie sehr wenig Zeit haben. Vielleicht gibt es Kollegen oder Kolleginnen, die mehr Zeit haben als Sie? Vielleicht gibt es jemanden, der diese Aufgabe schneller oder besser erledigen könnte? Leider ist die Situation der meisten Sekretärinnen und Assistentinnen so, dass sie wenig oder keine Möglichkeiten haben, an andere zu delegieren. Trotzdem sollten Sie es zumindest versuchen. Oft hilft ein *Handel*: „Wenn du das für mich machst, übernehme ich das für dich." Oder auch ein *Grundsatzgespräch* mit dem Vorgesetzten über das Thema „Womit ich meine Zeit derzeit verbringe, anstatt sie für andere Dinge sinnvoller einzusetzen". Nützlich ist in diesen Fällen eine Tätigkeitsanalyse (siehe Kapitel 1, Abschnitt „Durchblick: Wo steckt Ihre Zeit?", Seite 17), denn dann können Sie besser argumentieren.

> Wenn Sie etwas nicht selbst tun müssen, dann delegieren Sie es!

Tipps zum richtigen Delegieren finden Sie im Kapitel 2, Abschnitt „Delegieren und delegieren lassen: Wie werden Auf-

gaben professionell weitergegeben?", ab Seite 74.
Nachdem nun nur noch Tätigkeiten übrig sind, die Sie tatsächlich und persönlich erledigen müssen, bleibt trotzdem die nächste Frage:

**Muss das jetzt sein?**

Diese Frage bedeutet nicht, dass Sie alles erst einmal so lange aufschieben sollten, bis es nicht mehr aufschiebbar ist. Stattdessen geht es darum, für jede Tätigkeit den richtigen Zeitpunkt zu finden, das heißt *Prioritäten* zu setzen. Viele Aufgaben werden allein dadurch zum Zeitfresser, dass sie andere Tätigkeiten unterbrechen, dass sie zu spät (und somit meist hektisch) oder zu früh (und somit vielleicht vergeblich) erledigt werden.
Vielleicht gibt es einen besseren Zeitpunkt, diese Aufgabe zu erledigen? Vielleicht sollten Sie noch damit warten?

> Wenn Sie etwas nicht sofort tun müssen, dann entscheiden Sie bewusst über den geeigneten Zeitpunkt!

Viele Tipps zur richtigen Zeiteinteilung und -planung finden Sie im Kapitel 3.
Nun sind nur noch die Tätigkeiten übrig, die Sie jetzt tatsächlich selbst erledigen müssen. Und trotzdem gibt es noch eine letzte Frage:

**Muss das so sein?**

Gibt es vielleicht einen schnelleren oder effektiveren Weg, die Aufgabe zu erledigen? Gehen Sie vielleicht umständliche Wege oder verwenden Sie die falschen Hilfsmittel? Haben Sie sich schon einmal Gedanken darüber gemacht, wie das Ganze weniger Zeit kosten könnte? Oder wüssten Sie eigentlich einen Weg, sind jedoch zu festgefahren in Ihren Gewohnheiten?

> Wenn Sie nicht optimal arbeiten, verbessern Sie Ihre Arbeitsweise!

Das ist leichter gesagt als getan. Allgemeine Tipps dazu kann es kaum geben, denn natürlich kommt es dabei auf den Zeitfresser an, dem Sie gerade gegenüberstehen.
Im Grunde beschäftigen sich viele Kapitel in diesem Buch mit der Frage „Wie könnte es besser gehen?". Darüber hinaus sind im Folgenden einige häufige Zeitfresser und Lösungsvorschläge aufgelistet. Vielleicht finden Sie dort einen Tipp, der Ihnen hilft ... Nehmen Sie die Lösungswege dort als Beispiel dafür, wie Sie Ihre Zeitfresser überdenken und bearbeiten können.

## Typische Zeitfresser, häufige Erklärungen, Lösungstipps

### Gesprächsführung: Dauern Gespräche zu lange?

Wenn Sie den Eindruck haben, zu viel Zeit mit Gesprächen zu verbringen, kann das sehr unterschiedliche Ursachen haben. Je nach Ursache empfiehlt sich eine andere Lösungsstrategie.

#### DAS THEMA IST FÜR MICH NICHT WICHTIG

- Nein sagen (siehe dazu Kapitel 2, Abschnitt „Wie sagen Sie Nein?“, ab Seite 66)
- Gespräch vertagen (in der Hoffnung, dass es sich dann „von selbst erledigt“)
- frühzeitig anderen Ansprechpartner für das Thema vorschlagen
- frühzeitig anderes Thema vorschlagen

Damit diese Lösungsmöglichkeiten funktionieren können, ist es unbedingt notwendig, dass Sie so früh wie möglich erfahren, worum es in dem Gespräch gehen soll.

Fragen Sie vor dem Gespräch oder zu Gesprächsanfang nach dem Thema!

#### DER GESPRÄCHSPARTNER GEHT ZU SEHR INS DETAIL, SCHILDERT ZU AUSFÜHRLICH ODER SCHWEIFT VOM THEMA AB

- Unterbrechen Sie rechtzeitig, indem Sie auf das Thema zurücklenken:
  „Lassen Sie uns kurz bei diesem Punkt bleiben …“
  „Bevor wir darauf näher eingehen, wie ist das mit …“
  „Damit ich Sie bis hierher richtig verstehe, es geht also um …“
- Wenn Sie den anderen unterbrechen, dann entschuldigen Sie sich nicht dafür! Damit erwecken Sie nur den Eindruck, dass es etwas zu entschuldigen gibt. Stattdessen sollten Sie Unterbrechungen als Hilfe für sich und den anderen ansehen!
- Schlagen Sie vor, Detailfragen oder vom Thema wegführende Argumente auf einen späteren Zeitpunkt (oder ein nächstes Gespräch) zu vertagen.

Damit diese Lösungsmöglichkeiten funktionieren können, ist es unbedingt notwendig, dass Sie im Gespräch eine aktive Rolle einnehmen.

Steuern Sie das Gespräch durch Ihre Fragen und Einwürfe aktiv in die richtige Richtung!

**DER GESPRÄCHSPARTNER UNTERBRICHT DAS GESPRÄCH IMMER WIEDER UND LÄSST MICH WARTEN**

- Vereinbaren Sie vorher „Spielregeln" für das Gespräch: keine Anrufe, keine Besucher!
- Setzen Sie für das Gespräch einen (möglichst engen) Zeitrahmen, damit der andere nicht den Eindruck hat, Sie hätten ohnehin gerade nichts Besseres zu tun!
- Falls sich der Gesprächspartner immer wieder durch Anrufe unterbrechen lässt: Beenden Sie das Gespräch und rufen Sie ihn lieber an!
- Falls sich der Gesprächspartner immer wieder durch andere Besucher unterbrechen lässt: Treffen Sie sich mit ihm nicht in seinem eigenen Büro!
- Falls Sie der Gesprächspartner immer wieder warten lässt: Warten Sie nicht (zu lange), sondern fragen Sie nach einem Alternativtermin. („Vielleicht passt es Ihnen morgen besser? Ich muss nämlich heute noch ...")

Damit diese Lösungsmöglichkeiten funktionieren, ist es unbedingt notwendig, dass Sie es dem anderen nicht zu leicht machen.

Sorgen Sie dafür, dass der Gesprächspartner merkt, dass Sie durch ihn Zeit verlieren! Machen Sie Vorschläge, wie mit Unterbrechungen umgegangen werden sollte!

**Störungsmanagement: Können Sie sich nicht konzentrieren?**

Immer wieder geht es beim Zeitmanagement darum, Störungen möglichst auszuschalten. Gerade im Sekretariat werden Sie Störungen jedoch nie ganz vermeiden können. Unerwartete Tätigkeitswechsel oder unnötige Unterbrechungen stören die Konzentration auf die aktuelle Aufgabe.

Auch hier kommt es natürlich wieder darauf an, wie Sie sich die mangelnde Konzentration erklären:

**ICH BIN GENERELL LEICHTER ABLENKBAR ALS ANDERE**

- Trainieren Sie Ihre Fähigkeit, sich auf Aufgaben zu konzentrieren. Dafür eignen sich so genannte „Gehirnjogging"-Übungen oder auch meditative Entspannungstechniken wie Yoga oder autogenes Training. Zahlreiche Forschungsergebnisse deuten darauf hin, dass sich durch Übung die Konzentrationsfähigkeit verbessern lässt.
- Setzen Sie sich klare und vor allem positive Ziele:
  Statt „Nicht ablenken lassen!" sollte Ihr Ziel sein: „Konzentrier dich!"

Statt „Beachte das andere nicht!“ sollte Ihr Ziel sein: „Achte auf dies!“ (mehr Tipps zum Setzen von Zielen im Kapitel 5, Abschnitt „Zielorientierung“, ab Seite 136).

- Fragen Sie andere, die Sie als weniger ablenkbar einschätzen, wie sie das schaffen.
  Vielleicht bekommen Sie hilfreiche Tipps, vielleicht erfahren Sie aber auch von den anderen, dass es ihnen im Grunde genauso geht!

### ICH LASSE MICH IMMER WIEDER UNTER DEN GLEICHEN BEDINGUNGEN ABLENKEN

- Versuchen Sie, diese Bedingungen zu ändern! Indem Sie zum Beispiel mit den Beteiligten gemeinsam nach Lösungen suchen, indem Sie von sich aus in der Situation etwas anders machen, indem Sie Ihre Arbeitsumgebung ändern …

### ICH BRAUCHE ZU LANGE, UM MICH WIEDER EINZUARBEITEN

- Machen Sie sich kurz eine Notiz über Ihre letzten Gedanken, bevor Sie sich „ablenken lassen“.

- Sehen Sie Unterbrechungen nicht als „Ärgernis“, sondern als „Normalität“ – denn während Sie sich ärgern, können Sie sich automatisch schlechter konzentrieren.

- Erledigen Sie Aufgaben, die viel Konzentration erfordern, nicht in Zeiten, in denen mit vielen Störungen zu rechnen ist. (Tipps zum Tagesrhythmus im Kapitel 3, Abschnitt „Tagesplanung: Wie planen Sie aktuell und realistisch?“, Seite 83.)

**Neue Medien: Werden Sie von E-Mails überschwemmt?**

Die E-Mail-Flut ist ein hervorragendes Beispiel für die Anwendung der Zeitfresser-Fang-Fragen (siehe Seite 118). Stellen Sie sich die Fragen Schritt für Schritt:

### MUSS DAS SEIN? – ERHALTEN SIE ÜBERFLÜSSIGE E-MAILS?

Verstopfen zum Beispiel Werbe-E-Mails (so genannte Spam-Mails) Ihren Posteingang? Erhalten Sie Informationen, die gar nicht speziell für Sie gedacht sind, sondern einfach generell an alle geschickt werden?

Eine gute Lösung hierfür sind so genannte *Filter*! In jedem E-Mail-Programm können Sie durch die richtigen Einstellungen dafür sorgen, dass Nachrichten, die bestimmte Stichworte enthalten, von einer bestimmten Adresse kommen oder an einen bestimmten Verteiler gehen, gar nicht erst im Posteingang erscheinen. Stattdessen können Sie sie di-

rekt löschen lassen oder (falls Sie ganz sicher sein möchten) in einen bestimmten Ordner schieben lassen.
Sofern Filter nicht greifen, sollten Sie auf „überflüssige“ E-Mails auf jeden Fall reagieren:

- Mailen Sie dem Absender zurück, dass Sie mit diesen Informationen nichts anfangen können.
- Bitten Sie den Absender, Sie aus dem Verteiler zu nehmen.
- Machen Sie bei hartnäckigen Fällen deutlich, dass Sie diese Mails in Zukunft nicht mehr lesen werden, sodass es völlig zwecklos ist, weitere zu schicken.

Falls Sie nichts unternehmen, wird sich wahrscheinlich auch nichts ändern!

Bei generellen Problemen mit zu vielen überflüssigen Mails im Unternehmen sollte früher oder später eine Regelung „von oben“ dazukommen. Klare Anweisungen aus der Führungsebene haben hier schon Wunder gewirkt.

### MUSS ICH DAS SELBST TUN? – LESEN SIE E-MAILS, OBWOHL SIE EIGENTLICH JEMAND ANDERS LESEN SOLLTE?

Natürlich macht es durchaus Sinn, E-Mails für den Vorgesetzten zu sortieren und zu priorisieren. Falls die Aufgabe der Sekretärin allerdings nur darin besteht, die Mails auszudrucken und mit den Briefen in eine Postmappe zu legen, werden die Vorteile dieses Mediums verschenkt. Dann ist ein Gespräch mit der Führungskraft angebracht, in dem Sie deutlich machen, wie viel Zeit gespart würde, wenn er oder sie die E-Mails am Bildschirm lesen würde; was für wundervolle Ergebnisse Sie in dieser gesparten Zeit bei anderen Aufgaben erzielen könnten; wie viel einfacher es wäre, die E-Mails direkt mit einem Klick selbst zu beantworten oder auch zu priorisieren; wie seltsam es bei anderen, technisch versierteren Kollegen und Kunden ankommt, wenn eine E-Mail erst so spät beantwortet wird ... Helfen Sie Ihrem Vorgesetzten bei Bedarf geduldig, mit dem Computer zurechtzukommen: Der Aufwand lohnt sich! Stellen Sie dabei immer wieder die Vorteile für ihn in den Vordergrund, loben Sie Fortschritte und erklären Sie nicht zu viel auf einmal, sondern Schritt für Schritt.

## MUSS DAS JETZT SEIN? – UNTERBRECHEN SIE ANDERE TÄTIGKEITEN FÜR IHRE E-MAILS?

E-Mails eignen sich besonders gut dafür, zwischendurch als „Lückenfüller" eingesetzt zu werden! Wenn Sie zwischen zwei Telefongesprächen etwas Zeit haben, wenn Sie auf eine Antwort warten, wenn Sie gerade einen kurzen Tätigkeitswechsel brauchen – genau dann ist ein guter Zeitpunkt, Ihren Posteingang zu sichten und zu sortieren. Dabei müssen Sie zwar sicherstellen, dass Sie trotzdem regelmäßig nach dem Rechten sehen (vielleicht dreimal täglich: morgens, mittags, vor Feierabend?), allerdings müssen Sie nicht ständig reagieren – wie zum Beispiel beim Telefon.

> Lassen Sie sich durch E-Mails nicht unterbrechen, sondern nutzen Sie sie bewusst als „Lückenfüller".

Falls Sie Ihr E-Mail-Programm so eingestellt haben, dass es sich jedes Mal meldet, sobald eine neue Nachricht eingetroffen ist, dann verschenken Sie diese Vorteile. Sie stellen die E-Mail dem Telefon gleich!

Selbst wenn in Ihrem Unternehmen viel Kommunikation per Intranet stattfindet, sollte es genügen, höchstens einmal in der Stunde die E-Mails abzurufen beziehungsweise anzusehen. Eine Mail ist nun einmal nicht so dringend wie ein Anruf. Sie kann es gar nicht sein, da E-Mails tatsächlich öfter mal im Netz „feststecken", das heißt aus unerklärlichen Gründen Stunden oder sogar Tage benötigen, bis sie den Empfänger erreichen.

## MUSS DAS SO SEIN? – WIE BEARBEITEN SIE IHRE E-MAILS?

Zuletzt gibt es vielleicht noch Möglichkeiten, effizienter mit den E-Mails umzugehen. Das hängt auch von Ihrer Software ab. In der Regel gibt es jedoch mindestens folgende Funktionen:

- Legen Sie Ordner an, in denen Sie Ihre Mails sortieren, archivieren und priorisieren können! (Zum Beispiel einen Ordner für „Heute noch", einen „Abwarten", Ordner für verschiedene Personen oder Firmen, Ordner für verschiedene Projekte oder Informationsarten wie „Personalinfo" oder „Anfragen" ...)
- Machen Sie sich mit den Möglichkeiten vertraut, Vorlagen und automatische Textbausteine zu hinterlegen, sodass Sie häufige Texte und Phrasen nicht mehr tippen müssen.
- Tragen Sie immer einen aussagekräftigen Betreff ein und bitten Sie andere, dies auch zu tun. Vermeiden Sie

lange E-Mails und bitten Sie andere, das auch zu tun.

- Nutzen Sie die Möglichkeiten, E-Mails zu markieren (durch Farbe, Symbole ...) und so zu sortieren. Eventuell können Sie sich die Mail auch automatisch zu einem Termin wieder vorlegen lassen ...

Zuletzt sollten Sie dann noch überlegen, ob Sie schnell genug lesen können. Zum Thema Schnelllesen gibt es hilfreiche Techniken und Tricks, die Ihnen vielleicht weiterhelfen können.
Wie bei allen anderen Zeitfressern auch verschwindet durch diese Maßnahmen die Aufgabe nicht einfach – sie entwickelt sich aber vom Zeitfresser zu einer effizient erledigten Aufgabe.

### Perfektionismus: Möchten Sie immer alles hundertprozentig machen?

Untersuchungen haben gezeigt, dass mit 20 Prozent des Aufwands im Durchschnitt bereits 80 Prozent des Ergebnisses erzielt werden (das so genannte Pareto-Prinzip): In 20 Prozent der Zeit werden 80 Prozent der Produkte hergestellt, in 20 Minuten Diskussion werden 80 Prozent der Ergebnisse einer eineinhalbstündigen Sitzung erzielt ... Das heißt natürlich auch: In der restlichen Zeit mühen Sie sich ab, die letzten 20 Prozent zu erreichen. Hätten Sie sich mit einer achtzigprozentigen statt mit einer hundertprozentigen Lösung zufrieden gegeben, hätten Sie 80 Prozent des Aufwands gespart!!!
Wie oft kommt es vor, dass 80 Prozent eigentlich gereicht hätten, Sie jedoch trotzdem 100 Prozent liefern? Können Sie sich das leisten? Wenn ja: Weiter so! Wenn nein: Setzen Sie Prioritäten!
Wenn Sie es sich „eigentlich" nicht leisten können, alles hundertprozentig zu machen, dann heißt das: Die nächste Aufgabe wird unter dem Aufwand, den Sie für die aktuelle Aufgabe treiben, leiden. Wenn Sie jetzt hundertprozentig sind, können Sie bei der nächsten Aufgabe vielleicht nicht einmal vierzigprozentig sein! Wenn Sie drei Aufgaben hundertprozentig erledigt haben, bleibt für die vierte vielleicht gar keine Zeit mehr übrig!
Die folgende kleine Geschichte verdeutlicht das vielleicht:

**BEISPIEL**

Stellen Sie sich vor, Sie geben eine Party und Ihr Mann hat zu wenig Wein eingekauft. Realistisch gerechnet, werden die zwei Flaschen gerade für einen Ihrer Gäste reichen – denn der Abend wird lang werden. Nun sitzen die Gäste am Tisch und Sie überlegen, wie Sie den Wein am besten „rationieren".
Da ist zum Beispiel Ihr Freund Erwin, von dem Sie wissen, dass er ohne Wein bestimmt schlechte Laune bekommt. Da ist seine Frau Gertrud, die ohnehin lieber Saft trinkt. Da ist Paul, der sich zwar nichts aus Wein macht, aber bestimmt beleidigt wäre, wenn Sie Erwin Wein einschenken, ihm aber nicht. Und dann wäre da noch Ihr eigener Mann, der auch liebend gern Wein trinkt, allerdings die Schuld daran trägt, dass so wenig da ist.
Wenn Sie nun einfach allen den Wein empfehlen und die Gläser füllen, dann müssen Sie nach der ersten „Runde" zugeben, dass nun nichts mehr da ist. Wenn Sie alles dem Zufall überlassen, dann kann Ihnen das Gleiche passieren. Sobald Sie den anderen „reinen Wein" einschenken und zugeben, dass nicht genug da ist, haben Ihre Gäste wahrscheinlich erst recht Lust auf das, was nicht da ist, und die Stimmung leidet.
Also setzen Sie Prioritäten, verhandeln und kommunizieren gezielt:

- Ihrem Mann sagen Sie unauffällig, er solle sich zurückhalten. Sonst könne es sein, dass der Wein nicht reichen werde. Falls etwas übrig bliebe, könne er zu einem späteren Zeitpunkt noch nachziehen.
- Gertrud bieten Sie direkt verschiedene Säfte an: „Hättest du lieber einen Orangen-, Apfel- oder Kirschsaft, Gertrud?"
- Anschließend kümmern Sie sich um Erwin: „Erwin, wie immer?"
- Paul bieten Sie den Wein ebenfalls an, aber mit den Worten: „Paul, auch den Wein? Oder lieber erst mal ein Bier? Ich hätte ein helles, ein dunkles – oder vielleicht das vom letzten Mal?"

Das könnte klappen! Wahrscheinlich wird Ihre Weinknappheit niemandem auffallen und alle sind glücklich. (Mit Ausnahme Ihres Mannes, was ihm jedoch eine gute Lehre sein wird, das nächste Mal mehr einzukaufen.)

Genauso stehen Sie auch im Büro da: Sie haben verschiedene Interessen – die einen sind begründeter als die anderen – und nur begrenzte Ressourcen, das heißt nur begrenzt viel Zeit, die Sie investieren können.
Wenn Sie also Ihre Zeit „verteilen", dann achten Sie darauf:

- Erfragen Sie Ziele und Prioritäten. Nur so können Sie Ihre Zeit richtig investieren.
- Bieten Sie direkt (mehrere) Alternativen an, sofern Sie welche haben. (siehe auch Kapitel 2, Abschnitt „Wie sagen Sie Nein?", Seite 66)
- Fragen Sie nach, ob alles (schon) völlig ausgearbeitet sein muss oder ob „erst mal so" (und dafür schneller) genügt.
- Suchen Sie die Verantwortung für knappe Zeit nicht nur bei sich selbst, sondern machen Sie den Verantwortlichen die Konsequenzen deutlich – nur so kann sich auf Dauer etwas ändern!

Und am Ende – oder sofort am Anfang – müssen Sie daran arbeiten, dass Sie sich dabei *gut fühlen*: Wenn Sie eine Aufgabe bewusst nicht perfekt erledigen, sollten Sie kein schlechtes Gewissen haben, sondern im Gegenteil stolz beobachten, wie Sie die gesparte Zeit sinnvoll für eine wichtigere Aufgabe einsetzen!

**Ablage: Ersticken Sie in Altlasten?**

Dokumente abzulegen und zu archivieren ist im Grunde kein Zeitfresser, sondern eine typische und sinnvolle Aufgabe im Sekretariat. Allerdings kann die Ablage unter bestimmten Umständen zum lästigen Zeitfresser werden:

### NICHTS DARF WEGGEWORFEN WERDEN

Versuchen Sie zunächst, diesen Zustand zu ändern:

- Schlagen Sie vor, bestimmte Ordner zu vernichten oder zum Beispiel in den Keller zu bringen. Schlagen Sie vor, bestimmte Dokumente in Zukunft gar nicht erst abzulegen, da sie ohnehin nie genutzt werden (wobei Sie natürlich die gesetzlichen Aufbewahrungsfristen beachten müssen!).
- Machen Sie den Vorschlag, dass diese Dokumente dort lagern und abgelegt werden, wo sie (angeblich) gebraucht werden: von und bei demjenigen, der sie unbedingt behalten will.
- Führen Sie eine Statistik, um Ihre Argumente schlagkräftiger zu machen: Kleben Sie einen Zettel auf oder in „verdächtige" Ordner, auf dem Sie jedes Mal notieren, wann ein Dokument entnommen wurde. Falls dieser Zettel nach einem Jahr immer noch keinen Eintrag enthält, dann ist das doch wohl ein gutes Argument!

- Schreiben Sie täglich auf, wie viel Zeit Sie in die Ablage „nutzloser“ Dokumente investiert haben. Vielleicht ist dem Vorgesetzten gar nicht klar, wie viel diese Angewohnheit kostet!
- Räumen Sie die Ordner, die Ihrer Meinung nach eigentlich weggeworfen werden müssten, erst einmal weg: Verstecken Sie sie im Keller, in einem abgeschlossenen Schrank, hinter anderen Ordnern, in Kisten ... Falls lange Zeit niemand die Ordner vermisst, machen Sie die oder den anderen auf Ihre Maßnahme aufmerksam und fragen Sie nach, ob Sie die Sachen nicht doch wegwerfen sollen.

Falls Sie dann immer noch nicht wegwerfen dürfen, suchen Sie nach einem Weg, wie Sie *möglichst wenig Aufwand* durch diese Akten haben:

- Sammeln Sie zum Beispiel „überflüssige“ Informationsblätter oder Zeitschriften nicht in Ordnern, sondern in Kisten (dann müssen Sie nicht lochen oder blättern).
- Räumen Sie „tote“ Ordner möglichst weit weg, damit sie nicht von „lebenden“ Ordnern ablenken.
- Kategorisieren Sie möglichst grob, damit Sie schnell und einfach ablegen können.

## SIE HABEN EINE VÖLLIG UNSTRUKTURIERTE ABLAGE VON JEMAND ANDEREM ÜBERNOMMEN

Diese Situation ist meistens kein Zeitfresser, sondern einfach nur sehr unangenehm. Sie müssen sich irgendwie die Zeit verschaffen, die „Altlasten“ zu sortieren:

- Machen Sie Ihrem Vorgesetzten klar, wie lange das Ganze dauern wird. Diese Zeit muss eingeplant werden.
- Vielleicht können Sie sich einen oder zwei Tage dafür „frei“ nehmen? Das heißt, Sie wandern mit den Akten in ein anderes Büro und sind dort nicht zu sprechen. Wahrscheinlich ist eine solche Aktion immer noch angenehmer, als die Altakten monatelang liegen zu lassen und immer, wenn jemand etwas braucht, lange zu suchen.
- Falls das nicht möglich ist, teilen Sie sich die Aufgabe ein: jede Woche ein Ordner oder jeden Tag ein Stapel ...
- Vielleicht kann Ihnen auch jemand beim Sichten und Sortieren helfen? Dann ist es wichtig, dass Sie zunächst den künftigen Aktenplan festlegen – sonst ist die neue Sortierung wahrscheinlich ähnlich unnütz wie die alte!

Besonders schwierig ist das Aufräumen natürlich dann, wenn Sie die Dokumente gar nicht richtig einschätzen können; wenn Sie (noch) gar nicht wissen, was wofür in welchem Zusammenhang wichtig ist. Leider ist das meistens der Fall, wenn Sie ein Büro übernehmen, denn dann stehen Sie ja nicht nur vor alten Aktenbergen, sondern auch mitten in einem neuen Aufgabengebiet. Der Vorteil des Aufräumens ist, dass Sie dadurch einen guten Eindruck von Ihrem Arbeitsbereich bekommen. Sie lernen die verschiedenen Kontakte und Projekte kennen, während Sie alles sichten. Der Nachteil ist, dass Sie im Grunde noch gar keinen Aktenplan festlegen *können*. Zunächst müssten Sie wissen, wie die einzelnen Dokumente einzuordnen sind – Sie müssten Ihr Arbeitsgebiet und die Gewohnheiten Ihres Vorgesetzten und Ihrer Kollegen kennen. Um sich die Arbeit zu erleichtern, sollten Sie gezielt nachfragen:

- Wonach wird Ihr Vorgesetzter fragen, wenn er etwas sucht?
- Welche Dokumente werden besonders häufig noch einmal benötigt? Welche sind im Grund nur „zur Sicherheit" abgelegt?
- Lassen Sie sich die Prozesse und Fachbegriffe, auf die Sie treffen, erklären.
- Versuchen Sie, (zum Beispiel im Intranet oder bei Kollegen) weitere Informationen zu bekommen, worum es hier geht und wer die Beteiligten sind.
- Erstellen Sie den Aktenplan am besten gemeinsam mit Ihrem Vorgesetzten oder Ihren Kollegen, die den Bereich kennen!
- Werfen Sie zunächst nichts weg, ohne sich vorher abzusichern!
- Wenn Sie den Verdacht haben, dass es sich um „tote" Ordner handelt: Räumen Sie sie erst einmal so weg, wie sie sind. Falls später etwas gesucht wird, das in „Ihrer" Ablage nicht zu finden ist, können Sie immer noch auf diese „Rumpelkammer" zurückgreifen.

**Kaffeeklatsch: Nutzen andere Ihr Büro als gemütlichen Treffpunkt?**

Selbstverständlich ist es erfreulich, wenn Kollegen und Vorgesetzte Ihre Nähe suchen und die Atmosphäre in Ihrem Sekretariat so angenehm ist, dass eigentlich keiner wieder gehen möchte! Allerdings wird es Ihnen vielleicht irgendwann zu viel:

- Sie kommen vor lauter plaudernden Kollegen nicht mehr zum Arbeiten (sodass wichtige Dinge liegen bleiben).

- Sie können sich nicht konzentrieren, weil ständig jemand hereinkommt (der nur mal vorbeischauen möchte).
- Sie können bestimmte Telefongespräche nicht führen, weil ständig jemand mithört (der eigentlich auch woanders warten könnte).

Unter solchen oder ähnlichen Umständen stellt sich dann irgendwann die Frage: „Muss das sein?"
Vielleicht sollten Sie diese Frage ruhig auch einmal laut stellen? Eventuell etwas diplomatischer formuliert:

- Brauchen Sie im Moment noch etwas von mir oder sehen wir uns dann beim Mittagessen?
- Der Besprechungsraum ist gerade frei. Ich helfe euch eben mit den Tassen.
- Habt ihr eigentlich alle euer Telefon umgeleitet?
- Diese Dose Kekse gehört demjenigen, der jetzt alle mit in sein Büro nimmt!
- Ich glaube, wir bräuchten mal einen Aufenthaltsraum.

Die Formulierung hängt dabei natürlich davon ab, *wer* gerade in Ihrem Büro ist und welcher *Umgangston* normalerweise herrscht.
Besonders lästig ist es, wenn jemand vor Ihrem Schreibtisch steht und nicht weggeht, obwohl Sie gerade mit einem Kunden oder Geschäftspartner telefonieren. Vielleicht können Sie das Gespräch nicht unterbrechen, können jedoch auch nicht „frei" sprechen, weil jemand mithört. Für solche Fälle hat es sich bewährt, Zettel oder Karten vorzubereiten, die Sie dann nur noch hoch halten oder demjenigen in die Hand drücken müssen:

- Ich rufe Sie in spätestens 10 Minuten zurück.
- Ich komme nach dem Gespräch sofort bei Ihnen vorbei.
- Wenn Sie nur etwas abgeben möchten, legen Sie es einfach in das rote Körbchen.
- Ich rufe Sie sofort an, wenn er/sie wieder da ist.
- Bin grad etwas in Hektik – geht's auch heute Nachmittag?
- O.K. – Bis dann!

Das klingt zwar alles etwas lustig, funktioniert jedoch erstaunlich gut!
Sollte gar nichts helfen: Führen Sie ein Grundsatzgespräch mit dem Vorgesetzten oder den Kollegen und machen Sie deutlich, wie schwierig die Situation für Sie ist!

**Energiemanagement: Sind Sie pausenlos dabei?**

Pausenloses Arbeiten ist kein effizientes Arbeiten! Im Gegenteil: Der Verzicht auf Pausen spart keine Zeit, sondern ist ein Zeitfresser. Gerade wenn über längere Zeit Hektik und Druck herrscht, helfen kurze Pausen,

- neue Energie zu tanken,
- den Stress zu bewältigen,
- die Konzentration wiederherzustellen und
- die Leistungsfähigkeit aufrechtzuerhalten.

In der Folge arbeiten Sie dann nicht nur schneller, sondern auch gründlicher, überlegter und fehlerfreier, sodass sich die Zeitinvestition schnell lohnt und Zinsen bringt.

Sorgen Sie für rechtzeitige und regelmäßige Regenerationspausen.

Der Verzicht auf Pausen *muss nicht sein*. Das wird von Vorgesetzten oder Kollegen vielleicht manchmal anders gesehen, tatsächlich gibt es jedoch immer einen Weg, kurze Atempausen im Tagesablauf unterzubringen. Es muss ja nicht gerade die große, die „offizielle" Pause sein, im Sinne von: „Ich mache jetzt meine Pause."

Gute Ideen sind zum Beispiel:

- Kaffee- oder (besser) Teepausen: Machen Sie sich (und anderen) erst mal einen Kaffee oder Tee.
- Toilettenpausen: Niemand kann (oder sollte!) Ihnen verbieten, zur Toilette zu gehen.
- Botengänge: Erledigen Sie irgendeinen Botengang – zu Kollegen, zur Poststelle, zum Kopierer ...
- Fenster-auf-Pausen: Lassen Sie frische Luft rein oder schauen Sie einfach mal kurz aus dem Fenster.
- Telefonpausen: Erledigen Sie zwischendurch ein (am besten angenehmes) Telefonat. Der Vorteil ist, dass Sie in dieser Zeit niemand anrufen kann!

Solche Kurzpausen sind etwa alle 60 Minuten sinnvoll. Manchmal genügt es auch, einfach zwischendurch kurz durchzuatmen oder Dehnübungen zu machen (siehe auch Kapitel 3, Abschnitt „Arbeiten unter Zeitdruck: Wie bleiben Sie ruhig und souverän?", ab Seite 104).

## IHR ERFOLGSTAGEBUCH ZUR ZEITFRESSERJAGD

| Kapitel | ✔ | To do | (Bis)Wann? | Status-Notizen |
|---|---|---|---|---|
| *Gespräche S. 120* | | | | |
| | | | | |
| | | | | |
| | | | | |
| *Konzen-tration S. 121* | | | | |
| | | | | |
| | | | | |
| | | | | |
| *E-Mail S. 122* | | | | |
| | | | | |
| | | | | |
| | | | | |
| *Perfek-tionismus S. 125* | | | | |
| | | | | |
| | | | | |
| | | | | |
| *Ablage S. 127* | | | | |
| | | | | |
| | | | | |
| | | | | |
| *zu viel Publikum S. 129* | | | | |
| | | | | |
| | | | | |
| | | | | |
| *zu wenig Pausen S. 131* | | | | |
| | | | | |
| | | | | |
| | | | | |

Auf eine längere offizielle Mittagspause mittags sollten Sie nur im Ausnahmefall verzichten: Die Mittagspause gibt dem Tag Struktur und Ihnen die Möglichkeit, fit für den Nachmittag zu bleiben. Zu einer „ordentlichen“ Mittagspause gehören auf jeden Fall eine (leichte) Mahlzeit und etwas Bewegung (am besten im Freien). Wenn Sie einfach im Büro sitzen bleiben und einen Jogurt essen, während Sie weiterarbeiten oder jederzeit angerufen werden könnten, ist das *nicht wirklich eine Pause*!

# 5 *Machen!*

## Zielorientierung

> *Gibt es einen Unterschied zwischen Theorie und Praxis? Es gibt ihn. In der Tat.*
>
> Werner Mitsch, 1936

Ziele stehen am Anfang jeder geplanten Handlung und sind Voraussetzung für eine erfolgreiche Umsetzung, denn: Woran möchten Sie Ihren Erfolg messen, wenn Sie vorher kein Ziel gesetzt haben? Woran werden Sie merken, dass Sie weitergekommen sind, wenn Sie nicht definiert haben, was „weiterkommen" für Sie heißt?
Ziele hat eigentlich jeder Mensch, allerdings machen wir es uns oft zu einfach: Damit Ziele auf Ihr Verhalten – zum Beispiel auf Ihre Arbeitsweise – wirken können, müssen sie in bestimmter Weiser ausformuliert werden:

> Setzen Sie Ziele positiv, realistisch, anspruchsvoll, konkret, übersichtlich, messbar, terminiert und persönlich verbindlich!

- Formulieren Sie immer *Positiv*-Ziele. Etwas nicht tun zu wollen ist kein Ziel, sondern eine Randbedingung. (Negative Ziele werden meistens erreicht: Sie erreichen genau das, was Sie nicht wollten. Also formulieren Sie nicht: „Ich werde mich nicht aufregen", sondern: „Ich werde ruhig bleiben.")
- Ein Ziel sollte grundsätzlich so formuliert sein, dass es erreichbar ist, also *realistisch*. (Zu hohe Ziele nehmen eher den Mut: „Das schaffe ich ja doch nicht.")
- Achten Sie darauf, dass Ihre Ziele nicht zu niedrig, sondern *anspruchsvoll* sind. (Zu niedrige Ziele spornen nicht an: „Das schaffe ich doch sowieso.")
- Ziele sollten *konkret* sein, damit sie nicht missverstanden oder unterschiedlich ausgelegt werden können.
- Setzen Sie sich bei sehr komplexen oder langfristigen Zielen *Teilziele*.
- Definieren Sie die Höhe des Ziels genau: Legen Sie eindeutig fest, was Sie erreichen möchten und woran Sie die Erreichung des Zieles *messen* oder bemerken. (Also nicht: „Ich werde weniger Schokolade essen", sondern: „Ich werde pro Woche höchstens eine Tafel Schokolade essen.")
- Verbinden Sie Ihre Ziele immer mit *Zeitzielen* beziehungsweise -rahmen: Bis wann? Spätestens bis? Frühestens ab? („Ich werde ab nächster Woche mindestens einen Monat lang nicht mehr als eine Tafel Schokolade essen.")

- Legen Sie bereits bei der Zielformulierung eindeutig fest, *wer* für die Erreichung des Zieles verantwortlich ist: Bei der Definition eigener Ziele sind das immer Sie selbst! (Also nicht: „Herr Müller wird bis nächste Woche seinen Schreibtisch aufräumen", sondern: „Ich werde Herrn Müller bis nächste Woche dazu gebracht haben, seinen Schreibtisch aufzuräumen.")

Gerade dann, wenn Sie andere von Ihren Zielen überzeugen möchten oder wenn Sie mit anderen Ziele gemeinsam vereinbaren, kommt es auf die richtige *Formulierung* an – sonst werden schnell statt Zielen Wünsche oder sogar Probleme definiert.
Damit Sie sich an Ihre Ziele erinnern, liegt es nahe, sie *schriftlich* zu erfassen und *sichtbar* abzulegen! Persönliche Ziele, die nicht jeder sehen soll, können Sie zum Beispiel auf die Rückseite einer Postkarte schreiben und an die Wand hängen. „Offizielle" Ziele schreiben Sie zum Beispiel auf Ihre Schreibtischunterlage oder auf ein (buntes?) Blatt an der Wand. Wer viel am PC arbeitet, kann sich sein Ziel auch in den Bildschirmschoner eintragen oder als Bildschirmhintergrund einrichten ... Wochenziele sind in der Wiedervorlage gut aufgehoben, Tagesziele können auf Haftnotizen an einen gut sichtbaren Ort geklebt werden ...

## Planung

Warum noch ein Kapitel über Planung? Schließlich handelt im Grunde das ganze Buch davon! Aber: Im Gegensatz zu Ihrer täglichen Arbeit hält die Planung von Veränderungen im eigenen Verhalten und in Ihrer Büro-Organisation noch einige zusätzliche Hindernisse bereit. Wenn Sie die Umsetzung Ihrer Ideen planen, dann achten Sie darauf, dass Sie:

- *Transparenz* für Mitarbeiter und Vorgesetzte schaffen! Informieren Sie die anderen über Ihre Veränderungen. Sollten andere direkt davon betroffen sein: Planen Sie am besten gemeinsam!

- *Kriterien* festlegen, anhand deren Sie überprüfen werden, ob die Veränderungen wirklich Verbesserungen sind! Nicht alles Neue ist auch etwas Gutes: Wann werden Sie wie überprüfen, ob sich die Änderungen gelohnt haben? Bis wann soll sich die Maßnahme „auszahlen"? Definieren Sie Meilensteine, bei denen Sie zurückblicken und Ihre Planung überdenken.

- *Prioritäten* setzen! Bevor Sie alles auf einmal ändern: Welche Maßnahme ist die wichtigste? Welche kann noch warten? Ändern Sie nicht zu viel gleichzeitig, sonst geben Sie bei der nächsten Stresssituation vielleicht einfach alles wieder auf.

- *Optionen* entwickeln! Greifen Sie nicht gleich nach der erstbesten Lösung, sondern entwickeln Sie verschiedene Möglichkeiten. Dann haben Sie nicht nur mehr Auswahl, sondern im Falle eines Falles auch immer einen Alternativplan.

Bei jeder Veränderung müssen Sie zu Anfang Reibungsverluste mit einplanen: Sie selbst und auch andere müssen sich erst an das neue System gewöhnen. Neue Verhaltensweisen brauchen Zeit, um zur Routine zu werden. Vielleicht gibt es auch am Anfang noch einige Hindernisse zu überwinden, an die Sie vorher nicht gedacht haben: Lassen Sie sich nicht zu schnell entmutigen, sondern halten Sie erst eine Weile durch, bevor Sie Ihren Plan wieder verwerfen. Gerade rund um die Büro-Organisation dauert es einige Zeit, bis alles reibungslos funktioniert!

Planen Sie eine Gewöhnungsphase ein.

Am besten lässt sich eine größere Veränderung dann umsetzen, wenn es im Büro gerade etwas ruhiger ist. Stimmen Sie sich auch hier nach Möglichkeit mit Kolleginnen oder Vorgesetzten ab.

## Motivation

*Eine Angewohnheit kann man nicht aus dem Fenster werfen.*
*Man muss sie die Treppe hinunterboxen, Stufe für Stufe.*

Mark Twain, 1835–1910

Der beste Plan nützt nichts, wenn Sie auf der Hälfte der Strecke die Motivation verlässt: Am Anfang waren Sie vielleicht begeistert, alles war neu und ja auch so vernünftig. Aber nach einiger Zeit gerät die ursprüngliche Begeisterung in Vergessenheit und Sie fallen wieder zurück in den alten Trott. Was können Sie dagegen tun? Was ist gut für die so genannte Selbstdisziplin?

- *Spaß*: Sorgen Sie dafür, dass Ihnen Ihre neue Arbeitsweise Freude bereitet. Kopieren Sie sich vielleicht einen passenden Cartoon oder verabreden Sie mit Kolleginnen Belohnungen und (lustige) Strafen für Fehlgriffe. Arbeiten Sie mit schönen Formen und Farben. Genießen Sie am Ende jedes Tages kurz den Anblick Ihrer neuen „Errungenschaften".
- *Belohnung*: Planen Sie Belohnungen für sich ein, sobald Sie etwas Bestimmtes erledigt oder geschafft haben. Die Art der Belohnung hängt natürlich davon ab, was Sie selbst als Belohnung ansehen!

- *Kontrolle*: Lassen Sie sich von anderen kontrollieren, die Sie informieren und um Rückmeldung bitten, oder kontrollieren Sie sich selbst, indem Sie zum Beispiel Strichlisten über richtiges beziehungsweise falsches Verhalten führen.
- *Nutzen*: Machen Sie sich den Nutzen klar, den Sie durch die Veränderungen haben werden. Schreiben Sie diesen Nutzen auf und sehen Sie ihn sich in schlechten Zeiten wieder an.
- *Erzählen*: Erzählen Sie anderen davon, wie Sie vorwärts kommen oder was für Schwierigkeiten Sie haben. Oft können uns andere besser motivieren als wir selbst.
- *Ehrlichkeit*: Seien Sie bei Motivationsverlusten ehrlich zu sich selbst. Versuchen Sie, keine Ausreden zu finden, sondern lieber die Situation zu überdenken: Möchten Sie Ihren Plan ändern? Was spricht dafür? Was spricht dagegen?

## Erziehung

Oft reicht es nicht, wenn Sie nur sich selbst motivieren: Auch die anderen müssen motiviert sein. Dabei helfen Ihnen klare Ziele und ein gut durchdachter Plan, denn das sind Ihre besten Argumente. Wo Argumente nichts nützen, hilft vielleicht:

- *Geduld*: Verlieren Sie nicht die Geduld, sondern machen Sie immer wieder deutlich, wie was von wem wann erledigt wird. Mit Geduld und Ausdauer wird oft mehr erreicht als mit den besten Argumenten!
- *Hilfsbereitschaft*: Zeigen Sie sich hilfsbereit und freundlich, statt verärgert und frustriert. Zum einen ist das besser für Sie, da Sie sich dabei wahrscheinlich besser fühlen, zum anderen hilft es meistens mehr, Hilfe anzubieten, als Strafe anzudrohen. Auf Dauer ist dem anderen sein Verhalten dann früher oder später peinlich und er ändert es.
- *Offenheit*: Seien Sie offen für die Vorschläge der anderen und fragen Sie gezielt danach, wenn etwas nicht funktioniert: „Was kann ich tun, damit Sie das tun?"
- *Konsequenz*: Seien Sie freundlich, aber bestimmt. Geben Sie nicht gleich nach, sondern bleiben Sie zunächst einmal bei Ihrem Plan. Ständige Änderungen verunsichern nicht nur Sie selbst, sondern auch die anderen. In Zukunft wird man dann davon ausgehen, dass Ihre Vorhaben immer so leicht rückgängig gemacht werden können wie dieses Mal.
- *Nützlichkeit*: Überlegen Sie sich, welchen Nutzen die anderen durch die

Veränderung haben. Verdeutlichen Sie diesen Nutzen – das wirkt meist besser, als davon zu reden, welche Probleme es vorher gab oder wie wichtig Ihnen persönlich die Sache ist.

- *Betroffenheit*: Machen Sie deutlich, welche Konsequenzen das Verhalten des anderen für Sie hat. Vielleicht weiß der andere gar nicht, dass er Ihnen „schadet"?
- *Gruppendruck*: Falls mehrere beteiligt sind und nur einer „aus der Reihe tanzt", machen Sie demjenigen deutlich, dass er der Einzige ist, der sich nicht an die Regeln hält. Vielleicht können Sie auch die anderen bitten, mit ihm zu reden?
- *Lob und Belohnung*: Wenn Sie möchten, dass die anderen Kritik vertragen und annehmen, müssen Sie auch loben! Wenn „richtiges" Verhalten nicht angemessen berücksichtigt – das heißt gelobt oder sogar belohnt – wird, dann ändert man es vielleicht früher oder später wieder. Dabei sollte Lob, genau wie Kritik, natürlich der Situation und der Person angemessen sein: Es sollte konkret und verhaltensbezogen formuliert werden, sodass der andere auch etwas damit anfangen kann.

Genau wie die Kindererziehung ist auch die Kollegenerziehung ein langer und vielfältiger Prozess, der oft Fantasie und immer einen langen Atem erfordert. Nur Mut! Geben Sie nicht auf!

# Anhang

## Literaturtipps

Birven, Sabine/Behrens-Schneider, Claudia: *Events und Veranstaltungen perfekt organisieren für Sekretariat und Assistenz*, verlag moderne industrie 2003

Davenport, Liz: *Order from Chaos: A 6-Step-Plan for Organizing Yourself, Your Office and Your Life*, Three Rivers Press 2001

McGee-Cooper, Ann/Trammell, Duane: *Time Management for Unmanageable People*, Doubleday Books 1994

von Münchhausen, Marco: *So zähmen Sie Ihren inneren Schweinehund. Vom ärgsten Feind zum besten Freund*, Campus 2002

## Internettipps

| | *Adresse* | Inhalt |
|---|---|---|
| Organisationsmittel | *www.bigorder.de* | gute Online-Kataloge zur Anregung |
| Bürobedarf | *www.mcoffice.de* | ein Portal rund ums Büro mit Links zu Herstellern und anderen interessanten Seiten |
| Formulare | *www.formblitz.de*<br>*www.formular.de* | Formulare in allen Variationen zum Anschauen, Downloaden oder Bestellen |
| Post-its | *www.kurznotizen.de/postit/* | Post-its selbst entwerfen und bestellen |

# Stichwortverzeichnis